Liebe Eltern,

mit diesem Büchlein haben Sie mehr als eine der üblichen Diktatsammlungen erworben, denn es zeigt Ihnen verschiedene Wege, wie Sie die Rechtschreibkenntnisse Ihres Kindes verbessern können. Je nachdem, wie gründlich Sie mit Ihrem Kind arbeiten wollen, lassen sich verschiedene Wege einschlagen:

- Am einfachsten: Sie beschränken sich - wie üblich - darauf die Texte zu **diktieren** und sie hinterher gemeinsam mit Ihrem Kind zu verbessern. Sie haben dann eine **Leistungsfeststellung** getroffen. Der Lernerfolg ist allerdings gering.
- Darüber hinaus haben Sie die Möglichkeit die Kenntnis der **schwierigsten Wörter** eines Diktats (sie stehen jeweils unter dem Text) immer wieder zu überprüfen, indem Sie sie von Zeit zu Zeit diktieren.
- Zusätzlich gibt es zu jedem Diktat **Übungen**, die Probleme der Rechtschreibung im jeweiligen Text aufgreifen. Ihr Kind kann alleine arbeiten.
- Ein **wichtiger Hinweis**: Sie können eine **Lernkartei** anlegen, damit kann Ihr Kind sich **die richtigen Wortbilder einprägen**. Näheres dazu auf den Seiten 58 bis 71.
- Als Anhang gibt es eine **Wörterliste** mit Wörtern, die zu den am häufigsten vorkommenden unserer Sprache gehören und zugleich oft falsch geschrieben werden. Sie sollten besonders geübt werden.

Wenn Sie über die **Einsatzmöglichkeiten** der Diktatsammlung **Genaueres** erfahren wollen, so lesen Sie bitte die **kurz gefassten Hinweise** dazu auf den Seiten 54 bis 57.

Auf eine große Anzahl von Diktaten wurde verzichtet, weil anderenfalls erfahrungsgemäß nur ein Teil diktiert werden würde.

Ein Hinweis zum Schluss: Übertreiben Sie nicht - 15 Minuten Arbeitszeit pro Tag genügen. Ich wünsche viel Erfolg bei der Arbeit mit dieser Dik[illegible]

Hallo, liebe Schülerinnen und Schüler!

Ehe ihr euch in die Arbeit stürzt, ein paar wichtige Hinweise:

- Das Zeichen bedeutet: Hier ist eine **schriftliche Aufgabe** zu lösen.
- Die Hand sagt dir: **Gut aufpassen**!
- Ein Tipp: Malt die Zeichnungen bunt aus! Farbe erhöht die Arbeitsfreude.
- **Diktiert** einem Freund oder einem Mitschüler ein Diktat, das macht Spaß.

Ich wünsche euch viel Erfolg und Freude bei der Arbeit.

A) Diktate für die 3. und 4. Klasse

Komm, lieber Schlaf

1 Es ist Nacht. Das Fenster steht offen und Sabine atmet die frische Luft. Gleich wird sie einschlafen. Da bewegt sich ein Fensterflügel. Sabine hat Angst. Ist da wer? Nein, das war der Wind. Gleich wird Mutter das Fenster schließen. Jetzt schaut ein Stern in Sabines Zimmer. Da wird sie ganz ruhig. (54 Wörter)

Tipp: Diktiere deinem Freund oder einem Mitschüler das Diktat, das macht Spaß!

Benotungs-vorschlag	**Fehler**	0-1	2-3	4-6	7-10	11-15	ab 16
	Note	1	2	3	4	5	6

Schwierige Wörter und Satzteile:
das Fenster schl**ieß**en – sie hat **A**ngst – der **S**chlaf – sie ist gan**z** ru**h**ig – ko**mm** jetzt! – wer ste**h**t da? – es ist o**ff**en – einschlafen – sie a**t**met

---

Übungen und Regeln

Wichtiger Hinweis: Dieses Zeichen bedeutet: Hier ist eine **schriftliche Aufgabe** zu lösen.

S e t z e   z u s a m m e n !

ein + *schlafen* → *Ich kann nicht* einschlafen.

auf + *stehen* → *Er will nicht* ________.

hin + *legen* → *Ich möchte mich* ________________.

auf + *wachen* → *Er soll endlich* ________________.

F o r m e u m !

kommen – Komm jetzt !

schwimmen – ________ je . . . !

rennen – ________________

nehmen – ________________

V e r w a n d l e ein **Zeitwort** in ein **Namenwort**!
S c h r e i b e **groß**!

schlafen → der Schlaf

laufen → ____ ________________

fallen → ____ ________________

stürzen → ____ ________________

S e t z e zum Schluss **fünf** Wörter **richtig** e i n (du findest sie bei „**Schwierige Wörter und Satzteile**“)! Im farbigen Feld entsteht dann ein Wort, das für Sabine wichtig ist: ____________.

E						L				
			T							
	F									
			R							
		A								

Lösungen auf Seite 72

Stefan und Anna

2 Stefan holt Anna ab, wenn er zur Schule geht. Anna freut sich, dass Stefan jeden Tag pünktlich bei ihr läutet. In der Klasse sitzen sie zusammen. Oft muss die Lehrerin sagen: „Schwätzt nicht so viel!“ Dann machen sich einige Kinder über sie lustig und sagen: „Stefan und Anna sind verliebt.“
Doch Anna und Stefan machen sich nichts daraus. Nach der Schule gehen sie zusammen heim, das macht Spaß, denn die beiden mögen sich. (76 Wörter)

Benotungs-vorschlag	Fehler	0-1	2-4	5-8	9-12	13-16	ab 17
	Note	1	2	3	4	5	6

Schwierige Wörter und Satzteile:
schw**ätz**t nicht so **vie**l! – er l**äu**tet pün**k**tlich – sie fr**eu**t sich, da**ss** er sie abh**olt** – Spa**ß** – es ist lustig, de**nn** die **b**eiden mögen sich – sie gehen zusa**mm**en **h**eim – die Le**h**rerin – **v**erl**ie**bt – nich**ts** – da**nn** – ich mu**ss**

Übungen und Regeln

Forme um!

läuten	→	laut	*Häuser*	→	______
säubern	→	______	*Täubchen*	→	______
Bäuche	→	______	*Fräulein*	→	______
Mäuse	→	______	*bräunlich*	→	______
Zäune	→	______	*gräulich*	→	______

S e t z e die folgenden Wörter **richtig** in die Sätze e i n :
verliebt, nichts, zusammen, holt.

1. *Sabine* ________________ *beim Bäcker Brot.*
2. *Ich habe noch* ________________ *gegessen.*
3. *Wir gehen* ________________ .
4. *Melanie und Niko sind* ________________ .

Dieses Zeichen ☝ sagt dir, dass du besonders aufpassen musst.

☝ Eine wichtige Regel: Nach **kurzem Selbstlaut** schreibt man immer *ss*.
Beispiele: *das Fass* *ein bisschen* *das Missverständnis*
kurze Selbstlaute

Auf dem Heimweg ist es lustig! Im Obstgarten gibt es saftige Äpfel.

E r g ä n z e die fehlenden Buchstaben!

Die beiden beko_____en Appetit
auf einen le____eren Apfel.
Stefan freut sich, d____ Anna mit
ihm über den Zaun kl_________.
Er pa____t auf, d____ der Hund sie
nicht en__de___t.

Lösungen auf Seite 72

Die Heinzelmännchen

3 Wer von euch kennt die Heinzelmännchen? Ich will euch erzählen, wer sie sind: Die Heinzelmännchen lebten vor langer Zeit in Köln. Sie waren fleißige und flinke Kerle und halfen den Menschen. In der Nacht, wenn alle Leute schliefen, kamen sie und arbeiteten. Aber die Frau des Schneiders war neugierig und lauerte ihnen auf. Da kamen sie nie wieder. Nun müssen die Menschen alles selbst tun. (67 Wörter)

Benotungs-vorschlag	**Fehler**	0-1	2-4	5-7	8-10	11-14	ab 15
	Note	1	2	3	4	5	6

Schwierige Wörter und Satzteile:
die Heinzelmä**nn**chen - neug**ie**rig - es waren flei**ß**ige und fl**ink**e **K**erle - vor langer **Z**eit in Köln - **all**e **L**eute schl**ie**fen - sie erz**äh**lten - **wer** ke**nn**t euch? - sie k**am**en und **a**rbeiteten - n**ie** w**ie**der - sie mü**ss**en a**ll**es selbst tun

---

Übungen und Regeln

B e a c h t e , dass *nn* immer erhalten bleibt! S e t z e e i n !

kennen → *er* kennt *beginnen* → *es* ________
brennen → *es* ________ *gewinnen* → *du* ________
können → *ihr* ________ *rennen* → *er* ________

S e t z e *ie* e i n , dann s c h r e i b e den folgenden Text a b !

Gibt es neug___rige T___re? Ich bl___b im Bett. Eva

schr___b einen Br___f. Der Hund lag fr___dlich auf der W___se. Ich l___ß das Pap___r l___gen. Du verl___rst das Sp___l. Ich z___he mich an.

Hier fehlen Wörter, die im Wortinnern **ohne** *h* geschrieben werden. Welche Wörter gehören in die Lücken?

Wir ________________ Vater vom Flughafen ab.

Gestern _________ ich zu spät.

Lösungen auf Seite 72

Zum Schluss ein Gedicht. Kannst du es lesen?

S c h r e i b e es richtig a u f !

Hinweis: So musst du beginnen: *In tiefer **Nacht*** (statt N8), *wenn keiner wa...*

Nächtliche Begegnung

In tiefer N8,
wenn keiner w8,
wenn's  schläft und selbst die ,
kommt Heinzelmännchen leis ins .
Es setzt sich erst mal aufs Kla4
und blickt gar  3n,
so ganz allein.
Da merkt es, wie auf einem Blüten2g
ein 11 lein sitzt,
das grad mit seinem r+en (+ ist *und*) M+ vom  saft stibitzt.
K1 spricht das andere an,
doch endlich fasst das  Mut
und sagt: „Etwas Unterhaltung tät' uns gut."
Da plaudern beide lange Zeit
und denken: „Ach, wie schön ist's doch zu 2t!"

Lösungen auf Seite 72-73

Vor dem Diktat anschreiben: Bella

Sommerferien

4 Das Boot treibt langsam auf dem Wasser. Michael hat sich auf dem Sitz ausgestreckt und blinzelt schläfrig in die Sonne. Bei ihm ist die Hündin Bella, die immer wieder versucht eine Mücke zu schnappen. Irgendwo fährt ein Dampfer vorbei. Seine Wellen wiegen Michael sanft in den Schlaf und er träumt, dass das Leben nur aus Sommer und Ferien besteht.

(60 Wörter)

Benotungs-vorschlag	Fehler	0-1	2-4	5-8	9-12	13-16	ab 17
	Note	1	2	3	4	5	6

Schwierige Wörter und Satzteile:
irgen**dw**o – auf dem **Sit**z ausges**treck**t – sie **v**ersucht eine **Müc**k**e** zu schna**pp**en – er **bli**n**z**elt schläfrig – die **Well**en w**ie**gen ihn sa**n**ft – es beste**h**t – sie **träu**mt – das **Boo**t – **imm**er w**ie**der – der Da**mpf**er

---

Übungen und Regeln

Schreibe so: (Unterstreiche ck jeweils **farbig**!)

ausstrecken → ausgestreckt

zudecken → ge

einstecken → ______

aufwecken → ______

F o r m e das **Namenwort** in ein **Eigenschaftswort** u m !

der Schlaf → schläfrig ______ *der Mut* → ______

der Eifer → eif . . . ______ *der Fleiß* → ______

das Eis → ______ *die Zeit* → ______

Eine wichtige Regel: *ck* wird wie *ch* getrennt, es kommt auf die nächste Zeile.

packen → *pa - cken*

zwicken → *zwi - cken*

T r e n n e so:

Mücke → Mü - cke ______ *Locke* → ______

blicken → bli ______ *zucken* → ______

Was macht man im Boot an einem schönen Sommertag?
Man bildet lustige Reime.

S e t z e die richtigen Reimwörter e i n !

Das Pferd steht auf dem H______.

Der Hirsch trägt die Arznei mit dem Ge______

Martina stopft Seife in die Pf______.

Die Rakete spielt Tr______.

Lösungen auf Seite 73

Erklären: Der Kropf ist eine krankhafte Schilddrüsenvergrößerung, die als dicker Hals sichtbar wird.

Tim wünscht sich einen Hund

5 Aber Mutter sagt: „Wer einen Hund hat, braucht auch eine Waschanlage." Und Vater sagt: „Ein Hund ist so überflüssig wie ein Kropf." Tim denkt sich: „Manchmal ist ein Hund wichtiger als ein Vater."
Einmal liegt etwas vor der Haustüre. Tim überlegt: „Könnte ein Hund sein." Richtig! Das Wollknäuel hebt ein bisschen den Kopf; allerdings dort, wo Tim den Schwanz vermutet hat.
Am Abend zeigt Tim das Fundstück seinen Eltern. „Wir brauchen kein Kopfkissen", sagt Vater, „und schon gar keins, das stinkt."
Da trägt Tim das Kopfkissen zuerst in die Badewanne, dann in sein Bett.
Als Mutter vor dem Schlafen auf Tims Zimmer kommt, liegt das Wollknäuel in seinem Bett. „So ein Kopfkissen wünsche ich mir schon lange", sagt er, „am besten, du lässt uns jetzt allein." (131 Wörter)

Benotungs-vorschlag	Fehler	0-2	3-5	6-9	10-13	14-17	ab 18
	Note	1	2	3	4	5	6

Schwierige Wörter und Satzteile:

überflüssig wie ein **Kropf** - ein Wollkn**äu**el - ein bi**ss**chen - das Fun**d**stü**ck** - gar keins - vor dem **S**chlafen

Übungen und Regeln

S e t z e e i n und a c h t e darauf, dass du **alle** Wörter **richtig** schreibst!

Butter → *Ich* nehme *ein* bisschen Butter.

Zucker → *Du* ______ *ein* b______ Zucker.

Wurst → *Wir* ______ *ein* ______ ______.

Fleisch → *Sie* ______ *ein* ______ ______.

Eine wichtige Regel: ***st*** wird getrennt wie andere Mitlautverbindungen auch: *Kas-ten, kos-ten, lus-tig*

der **letzte** Mitlaut kommt in die **nächste** Zeile

Kannst du trennen wie der kleine Fuchs? Er macht es sich leicht: Er gibt die Wörter oben in die Trennungsmühle hinein und wartet, bis sie unten **getrennt** wieder herauskommen. Willst du es auch versuchen?

Lösungen auf Seite 73

Igel sind keine Haustiere

6 Die meisten Igel werden im Sommer geboren. Sie müssen viel fressen, damit ihr Körper Fett für den Winterschlaf ansammeln kann. Igel sind niedliche Tiere, aber sie dürfen nicht gefangen werden. Auch junge Igel gehören im Winter nicht ins Haus. Wer ihnen helfen will, legt im Garten einen großen Laubhaufen an und füttert sie im Herbst. Milch ist schädlich, dagegen ist Dosenfutter für Katzen gut. So überleben die nützlichen Tiere sicher bis zum nächsten Frühjahr.

(78 Wörter)

Benotungs-vorschlag	Fehler	0-1	2-4	5-8	9-12	13-16	ab 17
	Note	1	2	3	4	5	6

Schwierige Wörter und Satzteile:
das **Fett** – das n**äch**ste **Früh**ja**h**r – sie müssen **v**iel fre**ss**en – die **n**ü**tz**lichen Tiere – etwas ansa**mm**eln – der **K**ö**r**per – er fü**tt**ert sie – ein **j**unger **I**gel wird **g**eboren

---

Übungen und Regeln

Setze zusammen! Achte bei *früh* auf das *h* und auf die **Groß**schreibung!

früh + Jahr = Frühjahr *früh + Sport* = ________

früh + Stück = ________ *früh + Geburt* = ________

Achte darauf, dass du **Eigenschaftswörter**, die **vor** einem **Namenwort** stehen, **klein**schreibst!

niedlich → *der* niedliche *Igel*

nützlich → *das* ______________ *Tier*

nächste → *das* ______________ *Frühjahr*

fett → *die* ______________ *Nahrung*

Aus **zwei** Namenwörtern wird **ein zusammengesetztes** Namenwort:

Dose + *Futter* = Dosenfutter

Sommer + *Zeit* = ______________

Laub + *Haufen* = ______________

Abfall + *Eimer* = ______________

Garten + *Arbeit* = ______________

Ein Tier hat sich in einem Wort versteckt.
Wie soll das gehen? Ganz einfach! Wenn du genau hinsiehst, findest du die  in *Lindenblüt**ente**e*.

Diese Tiere sollst du selbst herausfinden. Suche sie in den Wörtern, die darunter stehen und **unterstreiche** in jedem Wort den jeweiligen Tiernamen!

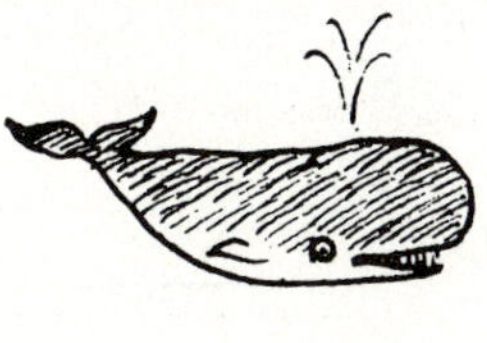

Laubwald — Eidotter — Straßengraben

Lösungen Seite 73

Kennst du das Land?

7 Es gab ein Land, in dem lebten nur Indianer. Es war ihr Land. Doch dann kamen weiße Menschen und nahmen es ihnen weg. Ein wenig durften die Indianer behalten und man sagte ihnen: „Dies ist euer Land.“ Aber eines Tages kamen Arbeiter dorthin. Sie suchten nach Öl und bauten einen Staudamm. In den Wäldern legten sie Straßen an und die wilden Tiere flüchteten. Was sollen die Indianer nun jagen? Kannst du verstehen, dass ihre Wut groß ist? (81 Wörter)

Benotungs-vorschlag	Fehler	0-2	3-5	6-8	9-11	12-14	ab 15
	Note	1	2	3	4	5	6

Schwierige Wörter und Satzteile:
da**nn** **kam**en weiße **M**enschen – Stauda**mm** – ka**nn**st du **v**erstehen, dass ihre **W**ut groß ist? – sie na**h**men es weg – die **w**ilden Tiere in den W**ä**ldern – ke**nn**st du die Stra**ß**e? – **I**ndi**a**ner – der **A**rbeiter – ma**n** sagte es i**h**nen

---

Übungen und Regeln

F o r m e jeweils in ein **Namenwort** u m !
S c h r e i b e **immer** groß!

wütend → *die* Wut *blitzen* → *der* ________
glühend → *die* ________ *zornig* → *der* ________
witzig → *der* ________ *hässlich* → *der* ________

Erinnere dich: Nach **kurzem Selbstlaut** wird immer *ss* geschrieben:

Ich muss mich ein bisschen ausruhen.

kurze Selbstlaute

ß kann nur nach **langem Selbstlaut** (oder langen Umlauten/Doppellauten) stehen:

Die Soße schmeckte süß.

lange Selbstlaute

Verkehrte Welt! S e t z e die richtigen Zeitwörter e i n !
Zuerst in der **Gegenwart**, dann in der **Vergangenheit**.

Der Löwe schließt (schloss) *den Wärter ein.*

Der Briefträger ________ (______) *den Hund.*

Der Hase ____________ (_________) *auf den Jäger.*

*Die Blume*___________ (_________) *den Gärtner.*

Lösungen auf Seite 73

Gefunden

8 Ich lese von drei Menschen, die eine Blume finden.
Der erste reißt sie aus dem Spalt einer alten Mauer. Er betrachtet sie lange, auch ihre Wurzeln. Er will dieses Wunder verstehen. Der zweite sieht eine Blume in einer Hecke blühen. Voller Freude schaut er sie an und geht weiter. Dem dritten leuchtet im Wald eine kleine Blume entgegen. Er will sie pflücken, doch dann gräbt er sie aus. Er trägt sie in den Garten und pflanzt sie wieder ein. So blüht sie fort.
Wer von den dreien liebt das Leben?

(91 Wörter)

Benotungs-vorschlag	Fehler	0-2	3-5	6-9	10-13	14-17	ab 18
	Note	1	2	3	4	5	6

Schwierige Wörter und Satzteile:
vo**ll**er **F**reude – er wi**ll** d**ie**ses **W**under **v**erstehen – **W**ur**z**el – er rei**ß**t sie aus dem **S**palt – sie s**ieh**t eine He**ck**e – **pflück**en – es blü**h**t – **fort** – en**t**gegen – das **L**eben – da**nn** – w**ie**der

---

Übungen und Regeln

Setze zusammen! Achte auf *pf*!

Pferd + *Rücken* = Pferderücken
Marter + *Pfahl* = ____________
Pflege + *Eltern* = ____________
Hund + *Pflege* = ____________

S c h r e i b e so:

Wer sich freut, ist voller Freude ______ .

Wer sich ärgert, ist vo Ä ______ .

Wer sich fürchtet, ist ______ .

Wer sich ängstigt, ist Ä ______ .

Wer sich langweilt, ist ______ .

Nun eine Aufgabe zum Nachdenken. Aus Bildern kannst du zusammengesetzte Namenwörter machen:

Aus 

und  wird *Maikäfer*.

Aus  und  wird *Schwalbenschwanz* .

Die folgenden Bilder sollen dir helfen die Namen von vier Tieren zu finden. Welche Bilder auf der **linken Seite** passen mit denen auf der **rechten Seite** zusammen?

S c h r e i b e die entsprechenden Namenwörter a u f !

?  

Lösungen auf Seite 73

Vor dem Diktat anschreiben: Mülldeponie

Das Leben auf dem Lande

9 Das kleine Dorf, in dem Michael wohnt, liegt an einem Fluss. In seinem Wasser kann man im Sommer baden. Es ist klar und kühl. Über eine Brücke kommt man auf die andere Seite. Dort ist ein schöner Wald und dahinter der große Platz für den Müll. „Wir brauchen nun mal eine Mülldeponie“, sagt man in der Gemeinde. Jeden Tag fahren viele Lastautos dorthin. Sie machen Lärm und wenn der Wind vom Wald kommt, dann stinkt es.
Michael schimpft: „Erst kaufen, dann wegwerfen. Sind die Leute dumm?“

(91 Wörter)

Benotungs-vorschlag	Fehler	0-2	3-5	6-8	9-11	12-14	ab 15
	Note	1	2	3	4	5	6

Schwierige Wörter und Satzteile:
der **Lärm** – da**nn** **stink**t es – du**mm** – we**g**werfen – sie **woh**nt an eine**m** Fluss – kü**h**l – **vie**le fa**h**ren hi**n** – der **Platz** dahinter – er **lie**gt – ma**n** ka**nn** **b**aden – die **Brücke** – we**nn** er ko**mm**t

---

Übungen und Regeln

S e t z e richtig e i n !

wohnen / Fluss → *Sie* wohnt *an* einem *Fluss.*

stehen / Schloss → *Er* ______ *vor* ei______ *Schloss.*

gehen / Schirm → *Ich* ______ *unter* ______ *Schirm.*

fahren / Bus → *Du* ______ *hinter* ______ *Bus.*

F o r m e   u m wie im Beispiel!

können/ baden → Man kann baden .

sollen / aufpassen → M . . s . . . .

dürfen / eintreten → ______ .

B i l d e die **Einzahl**!

die Flüsse → der Fluss *die Küsse* → ___ ______

die Schüsse → ___ ______ *die Nüsse* → ___ ______

Lösungen auf Seite 74

Der kleine Fuchs versteht Michaels Ärger. Deshalb will er Müll **vermeiden**. Er bevorzugt alles, was **natürlich** ist.

Sicher verstehst du, **wie** der kleine Fuchs Müll vermeidet.
E r g ä n z e die fehlenden Buchstaben!

Lösungen auf Seite 74

Die Zaubermännchen

10 Der Tisch im Wohnzimmer ist gedeckt, in der Mitte steht ein leckerer Kuchen. Gleich werden die Gäste kommen. Der Fernseher läuft noch. Ein Männchen ist zu sehen. Was tut es? Stell dir vor: Es steigt aus dem Kasten, holt den Kuchen und nimmt auch den Blumenstrauß aus Omas schönem Gemälde mit. Schnell springt es zurück in den Fernseher. Andere Männchen kommen dazu. Alle lassen sich den köstlichen Kuchen schmecken.
Kennst du die kleinen Männchen? (76 Wörter)

Des Rätsels Lösung: Gemeint sind die Mainzelmännchen des **ZDF**.

Benotungs-vorschlag	Fehler	0-2	3-5	6-8	9-12	13-16	ab 17
	Note	1	2	3	4	5	6

Schwierige Wörter und Satzteile:
ein Mä**nn**chen – aus Omas schöne**m** **G**em**ä**lde – Blumenstrau**ß** – der Fe**r**nse**h**er – ste**ll** dir vor! – er l**äu**ft – ein le**ck**e**r**er Kuchen – sie ni**mm**t es – die Mi**tt**e – sie la**ss**en es sich schme**ck**en – im Wo**h**nzi**mm**er sind G**ä**ste – ke**nn**st du sie? – es ist gede**ck**t – der **k**östliche Kuchen

---

Übungen und Regeln

Forme um! (Beachte, dass *nn* erhalten bleibt!)

Mann → Männchen *Tanne* → ____________

Kanne → ____________

Auch hier bleibt das ll erhalten.

stellen → Stell *dich hin!*

fallen → ______ *nicht herunter!*

rollen → ______ *den Ball!*

S e t z e e i n ! A c h t e auf die Endung *-em* !

schön / Gemälde → *aus Omas* schönem Gemälde

groß / Auto → *mit Vaters* gro______ Auto

alt / Mantel → *in Opas* ______ ______

Lösungen auf Seite 74

Das Mainzelmännchen holt sich einen leckeren Kuchen.
Was sind **deine** Lieblingsspeisen?

S c h r e i b e bitte zu jeder Nummer a u f , was dir am besten schmeckt. Bitte s c h r e i b e **richtig** a b !

1. *Pellkartoffeln - Kartoffelsalat - Pommes* ______
2. *Nudeln - weißer Reis - Vollkornreis* ______
3. *Bohnen - Erbsen - Karotten - Blumenkohl* ______
4. *Äpfel - Erdbeermarmelade - Kirschen* ______
5. *Fisch - Grillwürste - Hähnchen* ______
6. *Marmorkuchen - Brezel - Knäckebrot* ______
7. *Schokoladenpudding - Müsli - Fruchteis* ______

Auf Seite 74 erfährst du, welche dieser Speisen auch **gesund** sind.

Der Tag muss gefeiert werden

11 Wolfi liegt auf dem Bett und pfeift lustige Lieder. Heute ist er fröhlich. Gestern, vor dem Unterricht, da hat er noch schrecklich gezittert. Das ist vorbei. Jetzt fühlt er sich ganz groß. Die Eltern werden Augen machen. In Mathematik hat er eine Eins bekommen. Eine schwierige Prüfung war das. Wolfi rennt in die Küche, reißt einen Zettel vom Block und schreibt: „Ihr könnt stolz auf mich sein." Dann packt er seinen Hund Struppi. „Komm, wir holen dir eine fette Wurst und für mich ein Stück Torte. Der Tag muss gefeiert werden."

(96 Wörter)

Benotungs-vorschlag	Fehler	0-2	3-5	6-8	9-11	12-14	ab 15
	Note	1	2	3	4	5	6

Schwierige Wörter und Satzteile:
eine schw**ie**rige **Prü**fung – Ma**th**ematik – er hat schr**eck**lich gez**itt**ert – er rei**ß**t einen **Zett**el ab – wir h**o**len eine fe**tt**e Wurst – die **Lie**der – der **U**nte**rr**icht – ein **S**tück Torte – ihr könnt sto**lz** sein – er fü**h**lt sich groß – **v**orbei – frö**h**lich

---

Übungen und Regeln

F o r m e **Zeitwörter** in **Namenwörter** mit *-ung* u m !
B e a c h t e die **Großschreibung**!

prüfen → die Prüfung *lösen → die* ____________
reiben → die R____________ *packen → die* ____________
biegen → die ____________ *retten → die* ____________

F o r m e   u m !   B e a c h t e : Das **Dehnungs-*h*** bleibt erhalten!

fühlen → *er* fühlt
wählen → *sie* w
fehlen → *er* ____________
kühlen → *es* ____________

zählen → *du* ____________
fahren → *er* ____________
kehren → *sie* ____________
wühlen → *du* ____________

Zum Schluss wieder eine Aufgabe, die Spaß macht.
Hast du schon einmal bei einem Wort einen **Buchstaben ausgetauscht**, sodass ein **neues** Wort entstanden ist? Ich gebe dir ein Beispiel:

H	O	S	E
R	O	S	E
R	O	S	**T**
R	O	S	**S**
R	**I**	S	S

V e r s u c h e   das Spiel nun selbst!   V e r ä n d e r e   bei jedem Wort so lange **einen** Buchstaben, bis du zum letzten Wort kommst. Die **Bilder** oder **Hinweise** am Rand helfen dir dabei.

Vorname →

Lösungen auf Seite 74

Schont die Pelztiere!

12 Ein Fuchs ist in einem engen Käfig eingesperrt. Auf dem Gitterboden läuft er unruhig hin und her. Die freie Natur hat er nie kennen gelernt. Welchen Sinn hat sein Leben? Er wird für einen Pelzmantel gebraucht.

Eine große Zahl wild lebender Tiere wird mit der Falle gefangen. Das ist bei uns verboten, weil die Tiere schrecklich leiden müssen. Trotzdem dürfen Pelze auch bei uns verkauft werden. Wie lange noch?

Niemand braucht heute einen Pelzmantel, denn wir leben nicht in der Steinzeit und haben genug warme Kleidung.

(89 Wörter)

Benotungs-vorschlag	Fehler	0-2	3-5	6-9	10-13	14-17	ab 18
	Note	1	2	3	4	5	6

Schwierige Wörter und Satzteile:
er ist eingespe**rr**t – es hat keinen **Sinn** – auf de**m** **Gitt**erboden – er ist unru**hig** – die **Fall**e – en**d**lich – wir müssen tro**tzd**em – die große **Z**ahl **w**ild leben**d**er Tiere – nie hat er die **f**reie Natur ke**nn**en gelernt – sein **L**eben – n**ie**mand – **v**erboten

---

Übungen und Regeln

S e t z e   e i n ! Das *rr* bleibt immer erhalten.

sperren → *Er* sperrt *auf.*

zerren → *Sie* ______________ *an mir.*

irren → *Du* ______________ *dich.*

schnurren → *Die Katze* ______________.

S e t z e an der **richtigen** Stelle e i n : *endlos - endlich - endgültig.*
A c h t e jeweils auf das *d* (es stammt ab von *Ende*)!

1. *Das Spiel war ________________ verloren.*
2. *________________ kamen wir dran.*
3. *Die Autoschlange war ________________.*

S e t z e **richtig** e i n : *Natur - Zahl - Falle - Leben.*
D e n k e daran, dass diese **Namenwörter** immer **groß**geschrieben werden!

1. *Das ___________ ist das höchste Gut.*
2. *Die Maus saß in der ______________.*
3. *Schützt die ________________!*
4. *Sie würfelte die ___________ Sechs.*

Zum Schluss eine Rätselaufgabe zum Thema: *Tiere zum Fürchten.*

Die Zeichnungen am Rand sagen dir, was du in die waagerechten Zeilen schreiben musst. Das **Lösungswort** im farbigen Feld bezeichnet etwas Süßes.

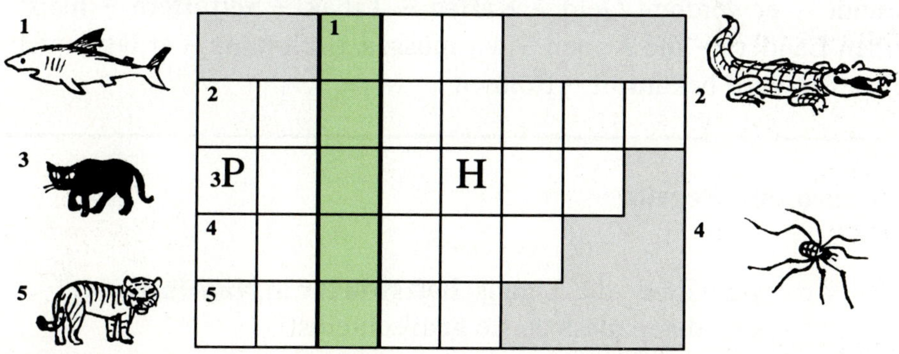

Lösungen auf Seite 75

Vorher anschreiben: Sojabohne

Die Natur hat genug für alle

13 Aber warum leidet jeder zehnte Mensch an Hunger? Hier sind drei Gründe von vielen:

1. Eine unvorstellbar große Menge Geld wird für Waffen ausgegeben. Dabei wird viel verdient. Mit Waffen führt man Kriege, meist in armen Ländern. Menschen müssen flüchten und können weder säen noch ernten.

2. Auch in armen Ländern gibt es fruchtbare Böden. Viele Menschen könnten satt werden. Oft aber baut man auf diesen Feldern Kaffee, Tee, Tabak oder Baumwolle an. Daraus lässt sich in reichen Ländern viel Geld machen. Natürlich nicht für die Armen.

3. Mit Sojabohnen könnte der Hunger bekämpft werden. Doch leider verfüttert man einen großen Teil davon an Tiere für Leute, die gerne Fleisch essen.

Muss es Hunger geben? (121 Wörter)

Benotungs-vorschlag	**Fehler**	0-2	3-5	6-9	10-13	14-17	ab 18
	Note	1	2	3	4	5	6

Schwierige Wörter und Satzteile:

s**äe**n und **e**rnten - fruchtbare **B**öden - eine **Me**nge Geld - jeder **zeh**nte Mensch leidet an **H**unger - un**v**orste**ll**bar - man fü**h**rt **Krie**ge - die **G**ründe - er **v**erd**ie**nt Geld - Ka**ffee** - Taba**k** - **v**erfü**tt**ern - meist in **a**rmen **L**ändern - die **A**rmen - wir müssen - ich mu**ss** - er lä**ss**t mich - sa**tt** - das wir**d** bekä**mp**ft - Bo**h**nen

---

Übungen und Regeln

V e r w a n d l e die **Eigenschaftswörter** in **Namenwörter**:
D e n k e daran, dass du sie **groß**schreibst!

arm → der Arme *alt* → ____ ________

reich → ____ ________ *jung* → ____ ________

stolz → ____ ________ *einsam* → ____ ________

Setze zusammen!

ver + dienen = verdienen

ver + packen = ____________

ver + irren = ____________

ver + sprechen = ____________

ver + suchen = ____________

ver + lieben = ____________

Das letzte Diktat hat dich wohl nicht gerade fröhlich gemacht.
Trotzdem zum Abschluss eine lustige **Bildgeschichte**.
Leider sind die Bilder **durcheinander geraten**. In der **richtigen Reihenfolge** ergeben die **Silben** auf den Bildern den Namen eines **Tieres**, das mit der Bildgeschichte zu tun hat.

Lösungswort auf Seite 75

Mäuse leben gefährlich

14 Mäuse sind überall. Sie sind die erfolgreichsten Säugetiere, obwohl sie die meisten Feinde haben. Sobald sie sich blicken lassen, schweben sie in Lebensgefahr. Seit uralten Zeiten werden sie von den Menschen bekämpft. Mäuse und ihre Verwandten vernichten nämlich große Teile von Nahrungsmitteln.
Man hat Fallen und Gifte gegen sie eingesetzt. Aber niemand kommt gegen ihre Fruchtbarkeit an. Eine weibliche Maus bekommt im Jahr bis zu 60 Junge und diese große Familie frisst in dieser Zeit einen halben Zentner Futter.
Trotzdem verdanken wir den Mäusen viel. Die weißen Mäuse sind für die Wissenschaft unersetzlich.

(98 Wörter)

Benotungs-vorschlag	Fehler	0-1	2-4	5-8	9-12	13-16	ab 17
	Note	1	2	3	4	5	6

Schwierige Wörter und Satzteile:
sei**t** **ur**alten **Z**eiten - die **V**erwan**dt**en - **näm**lich - **L**ebensgefahr - sie fri**ss**t - tro**tzd**em - eine **w**eibliche Maus - die **Wiss**enschaft - unerse**tz**lich - Gi**f**t - n**ie**mand - **F**ruchtbarkeit - sie beko**mm**t **J**unge

---

Übungen und Regeln

Forme um! Beachte: Jedes Zeitwort endet auf *-ieg(s)t.*

kriegen → er kriegt   *liegen → es* ____________

fliegen → sie ____________   *wiegen → du* ____________

biegen → er ____________   *siegen → ihr* ____________

Wörter mit der **Nachsilbe** *-keit* sind **Namenwörter**.
Schreibe **groß**!

fruchtbar → *die* Fruchtbarkeit

ehrlich → *die* h

wirklich → *die* ______________

ewig → *die* ______________

tapfer → *die* ______________

Großschreiben!

Setze so zusammen:

Eigenschaftswort + *ig* + *keit* = Namenwort

geschwind + *ig* + *keit* = Geschwindigkeit

schnell + *ig* + *keit* = ______________

feucht + *ig* + *keit* = ______________

genau + *ig* + *keit* = ______________

Forme du nun Wörter in BILDWÖRTER um, z.B.
UNORDNUNG AUSWEICHEN KRUMM DACH

Lösungsvorschläge auf Seite 75

Es fing an mit einem Punkt

15 Am Anfang gab es weder Raum noch Zeit, nur eine winzige Kugel. Dann aber begann alles mit einem großen Knall.

Die Kugel  glühte

plötzlich auf,
flog auseinander
und brachte nach langer Zeit
Sonne, Monde und Milchstraßen hervor.
Seither ist die Schöpfung in Bewegung
und der Weltraum dehnt sich mit rasender Geschwindigkeit aus.
Die Milchstraßen entfernen sich voneinander
wie Punkte auf einem Luftballon,
der immer größer aufgeblasen wird.
Aus dieser Geschwindigkeit haben kluge Leute
das Alter des Weltalls errechnet.
Niemand weiß, ob sich das Weltall
ewig
ausdehnen wird.
Möglich wäre, dass es wieder zu einem
unendlich dichten Klümpchen
schrumpft.

(104 Wörter)

Benotungs-vorschlag	Fehler	0-2	3-5	6-10	11-15	16-20	ab 21
	Note	1	2	3	4	5	6

Schwierige Wörter und Satzteile:
mit rasender **G**eschwindi**g**keit - n**ie**man**d** wei**ß** es - die **B**ewegung - sich unen**d**lich ausde**h**nen - das **A**lter des **W**el**t**a**ll**s - sich voneinander ent**f**ernen - es w**ä**re möglich - es glü**h**te auf

Übungen und Regeln

F o r m e   u m ! B e a c h t e , dass das hörbare *h* stets erhalten bleibt!

glühen → *es* glüht ______ *bemühen* → *er* ______ sich
blühen → *es* ______ *sprühen* → *er* ______
ziehen → *es* ______ *fliehen* → *er* ______

V e r w a n d l e die **Zeitwörter** in **Namenwörter**!

bewegen → *die* Bewegung ______ *kreuzen* → *die* ______
erzählen → *die* ______ *werben* → *die* ______

F ü l l e a u s ! A c h t e auf die **Endungen**!

groß / Knall → *mit* einem großen Knall
leicht / Stoß → *mit* ______
klar / Sieg → *mit* ______
knapp / Vorsprung → *mit* ______

Lösungen auf Seite 76

Nun habe ich sechs von den **schwierigen Wörtern** ausgewählt und in Geheimschrift für dich aufgeschrieben. F i n d e s i e h e r a u s !

1) 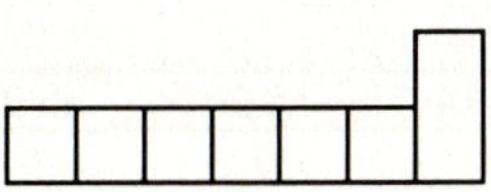

2) 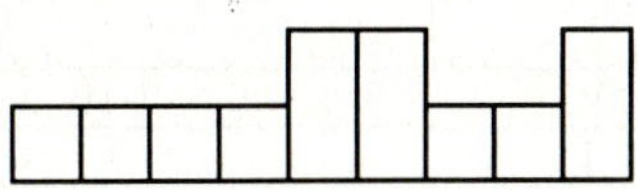

3) 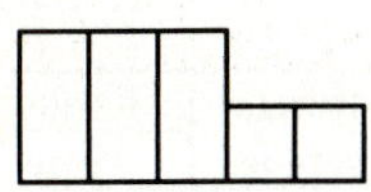

4) 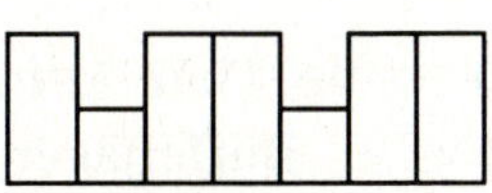

5) 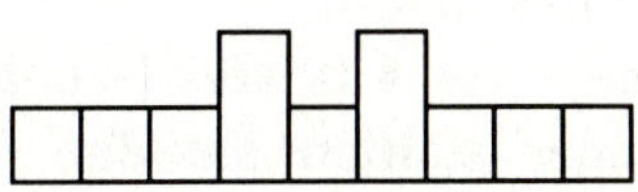

6) 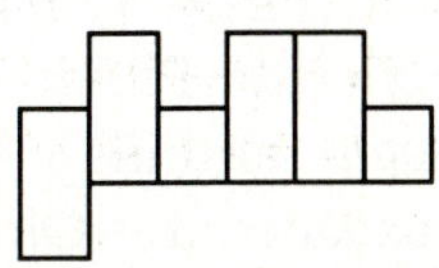

Lösungen auf Seite 76

Vorher anschreiben: Appaloosa, Persien, Nez-Percé-Indianer

Traumpferd Appaloosa

16 Gefleckte Pferde gab es schon lange vor Christus. In Persien durfte nur der König auf ihnen reiten. Als Amerika entdeckt war, kamen die Tiere auch dorthin. Indianer stahlen den Weißen einige und wurden tüchtige Büffeljäger.

Gefleckte Pferde sind ausdauernd und von großer Schönheit. Den Indianern galten sie als heilig, besonders, wenn sie blaue Augen und weiße Ohrspitzen hatten. Die Nez-Percé-Indianer wurden Meister in der Zucht dieses Pferdes. Doch der Stamm wurde von den Weißen verfolgt und schließlich vernichtet.

Einige ihrer gefleckten Pferde überlebten. Zwei weiße Männer retteten die Rasse und führten die Zucht fort. 1944 gab es gerade 113 Stück. Inzwischen sind die Appaloosas, so heißen sie seit 1870, sehr zahlreich. Das stolze Volk der Nez-Percé ist untergegangen, aber es hat der Welt ein unverdientes Geschenk hinterlassen: Appaloosa, das unvergleichliche gefleckte Pferd. (134 Wörter)

Benotungs-vorschlag	Fehler	0-2	3-6	7-10	11-14	15-20	ab 21
	Note	1	2	3	4	5	6

Schwierige Wörter und Satzteile:

gefle**ck**te Pferde – lange vor **Ch**ristus – en**t**de**ck**t – die Tiere k**am**en auch dorth**i**n – Indianer sta**h**len sie den **W**eißen – Bü**ff**eljäger – ausdauern**d** – Ohrsp**itz**en – schl**ieß**lich – re**tt**eten die Rasse – das sto**lz**e **V**olk – un**v**erd**ie**nt – sie fü**h**rten

Jetzt folgt ein **Silbenrätsel**. Es enthält **fünf Namenwörter** aus dem Diktattext. Die Wortanfänge sind jeweils **fett** gedruckt. S c h r e i b e die Wörter a u f !

ME - **BÜF** - SI - SPIT - **PER** - JÄ - KA - **OHR** -

DI - FEL - **A** - ZEN - NER - RI - A - **IN** - EN - GER

Zum Schluss ein Bilderrätsel. Das **Lösungswort** sagt dir einen Ort, wo du das Gruseln lernen kannst.

S c h r e i b e die Wörter zu den Bildern in der **Reihenfolge** der **Nummern** a u f ! Wenn du von jedem Wort den **dritten** Buchstaben in die Kästchen unten schreibst, erhältst du das Lösungswort.

Bilderrätsel

1 
2 
3 
4 

5 
6 
7 
8 

9 
10 
11 

Lösungswort ⟶

Lösungswort auf Seite 76

Katzen haben neun Leben

17 Ein Mensch springt aus dem Fenster und fällt zehn Meter tief. Wenn er großes Glück hat, dann verletzt er sich nur leicht.
Einer Katze macht diese Höhe nichts aus. Gefährlich wird es für sie erst, wenn sie etwa 30 Meter tief stürzt. Einen Fall aus noch größerer Höhe kann sie dagegen leichter verkraften. Nur sehr wenige Menschen überleben einen Sturz aus 25 Metern. Katzen hingegen können es schaffen unversehrt 150 Meter tief zu fallen. Wie ist das möglich?
Katzen strecken ihre Beine aus und bremsen wie ein Fallschirm. Außerdem drehen sie sich, sodass sie immer auf ihren vier Pfoten landen.

(105 Wörter)

Benotungsvorschlag	Fehler	0-2	3-5	6-8	9-11	12-14	ab 15
	Note	1	2	3	4	5	6

Schwierige Wörter und Satzteile:
au**ß**erdem – sie scha**ff**en den **S**turz un**v**erse**h**rt – ein **F**all aus dieser **H**öhe – er fä**ll**t zehn **M**eter – **Fall**schirm – etwa – sie dre**h**t sich, soda**ss** (auch: so da**ss**) sie auf den **Pf**oten landet

---

Übungen und Regeln

S e t z e   z u s a m m e n ! Du erhältst **zusammengesetzte Namenwörter**. Das *ll* bleibt immer erhalten.

Fall + *Schirm* = Fallschirm

schnell + *Zug* = S

Schall + *Mauer* = ____________

voll + *Bremsung* = ____________

Auch hier bleibt *ll* immer erhalten:

füllen	→	*sie* füllt	*fallen*	→	*er* ________
knallen	→	*es* ________	*rollen*	→	*es* ________

F o r m e ein **Eigenschaftswort** in ein **Namenwort** u m !

hoch	→	*die* Höhe	*breit*	→	*die* ________
tief	→	*die* ________	*lang*	→	*die* ________

Zum Schluss sollst du besondere **zusammengesetzte Namenwörter** bilden, ich meine solche, die sich **umdrehen** lassen. Bei *Schallmauer* geht das nicht: Es gibt keinen *Mauerschall*. Dagegen ist es möglich bei *Tierzucht*. Ein Tier, das für die Zucht verwendet wird, ist ein *Zuchttier*. Hier findest du Namenwörter, die sich **zusammensetzen** und **umdrehen** lassen:

Musik, Spiel, Wasser, Versuch, Schiff, Kuh, Fest, Leitung Orange, Fracht, Saft, Bau, Blumen, Milch, Ball, Topf, Maschine, Tier

S c h r e i b e so in dein Heft:

Wasser + Leitung = Wasserleitung → Leitungswasser
Maschine + Bau = Maschinenbau → Baumaschine

Lösungen auf Seite 76

Vorher anschreiben: Venus, Mars, der Rote Planet

Unsere Nachbarn im Weltall

18 Venus und Mars sind uns im Weltall am nächsten. Die Wolken der Venus werfen die Sonnenstrahlen so stark zurück, dass sie der hellste aller Planeten ist. Wir kennen sie auch als Morgen- und Abendstern. Auf der Oberfläche der Venus ist es felsig und heißer als in jeder Wüste: 500 Grad Wärme. Der Mars erhält weniger Licht von der Sonne als wir. Man nennt ihn den Roten Planeten, weil er aus rötlichem Gestein besteht. Wahrscheinlich gibt es dort einfaches Leben, jedoch keine höher entwickelten Tiere und Pflanzen. Das grüne Marsmännchen aber gibt es mit Sicherheit nicht. (99 Wörter)

Benotungs-vorschlag	**Fehler**	0-2	3-5	6-8	9-11	12-14	ab 15
	Note	1	2	3	4	5	6

Schwierige Wörter und Satzteile:
Morgen- und Abendstern – 500 **Grad W**ärme – die **S**icherheit – **felsig** – wa**h**rscheinlich – am he**ll**sten – berü**h**mt – Na**chbarn** im Welta**ll** – Sonnenstra**h**l – er beste**h**t aus rötliche**m G**estein – der **R**ote Planet – höher entwi**ck**elt

---

Übungen und Regeln

Aus einem **Eigenschaftswort** wird ein **Namenwort**, wenn du die Nachsilbe *-heit* anhängst. Schreibe **groß**!

sicher → *die* Sicherheit *frei* → *die* ____________

krank → *die* ____________ *dumm* → *die* ____________

Bei der Steigerung bleibt die **Verdoppelung** immer erhalten.

hell - *heller* - am hellsten

schnell – *schneller* – am ____________________

dumm – *dümmer* – ____________________

schlimm – *schlimmer* – ____________________

Ein Wort fällt weg. S e t z e dafür ⊝ !

Morgenstern / Abendstern → Morgen - und Abendstern

Winterferien / Sommerferien → ____________________

Hinfahrt / Rückfahrt → ____________________

T r a g e für die Nummern der Zeichnung die entsprechenden Wörter in das Rätsel e i n ! Welchen Beruf hat der Mann hinter dem Piloten? Die Lösung ergibt sich in der farbigen Zeile.

Lösung auf Seite 77

Wie entstanden Eishöhlen?

19 Eishöhlen sind besonders schön und du fragst dich, wie sie entstanden sind. Vor Millionen Jahren war das Klima wärmer als heute. Unterirdische Flüsse bahnten sich ihren Weg durch den Kalkstein der Gebirge. Oft entstanden dabei Höhlen. Lagen sie, als es wieder kälter wurde, oberhalb der Schneegrenze, so gefror das Wasser und es entstanden die Eishöhlen. In ihnen hängen Eiszapfen von der Decke herab. Sie können glasklar sein und Luftblasen enthalten, die wie gewaltige Edelsteine funkeln. Wenn das Wasser schmolz, herabtropfte und wieder gefror, entstanden Säulen aus Eis. Manchmal vereinigten sich mehrere zu richtigen Eisvorhängen.

(97 Wörter)

Benotungsvorschlag	Fehler	0-1	2-4	5-7	8-10	11-13	ab 14
	Note	1	2	3	4	5	6

Schwierige Wörter und Satzteile:
die Eiszapfen sind **g**lasklar – das Wasser gefr**o**r – unter**i**rdische Flüsse ba**h**nten sich ihren **W**eg – das **Kli**ma war wärmer – Eishö**h**le – **Säu**len aus Eis – **V**orh**ä**nge – die Mi**lli**on – es en**t**standen Luftblasen

---

Übungen und Regeln

Aus einem **Namenwort** und einem **Eigenschaftswort** wird ein **zusammengesetztes Eigenschaftswort**. **Klein**schreiben!

Glas + *klar* = glasklar *Stern* + *klar* = ____________

Tag + *hell* = ____________ *Stein* + *alt* = ____________

S e t z e **richtig** e i n : *hohl - Höhle - aushöhlen - holen.*

1. *Der Bär hält seinen Winterschlaf in einer* ________.
2. *Ein Fußball ist innen* __________.
3. *Wir* __________ *Vater vom Bahnhof ab.*
4. *Einen Kürbis kann man* ______________.

F o r m e das **Namenwort** in ein **Zeitwort** u m !

Fahrt → fahren　　　Gefühl → f________

Zahl → zä________　　　Fehler → f________

Tom macht im Wald Rast. Auf der Zeichnung stimmen **sieben** Dinge nicht. S c h r e i b e so a u f (jeweils **ein** Wort genügt!):

1. Ohrring　2. ________　3. ________
4. ________　5. ________　6. ________
7. ________

Lösungen auf Seite 77

Die schönste Schule der Welt

20 Die schönste Schule der Welt liegt an einem Fluss. Nur ein schmaler Pfad führt zu ihr hin und wer nicht gehen will, muss reiten. Natürlich gibt es in der Schule keinen Fahrradkeller, dafür aber einen großen Pferdestall und einen riesigen Garten, aus dem sich jeder Schüler Radieschen oder Erdbeeren für die Pause holt. Auf dem Hof wachsen sechsunddreißig Kirschbäume und wenn die Kirschen reif sind, unterrichten die Lehrer auf den Ästen und die Kinder haben rote Zähne. Im Sommer ziehen alle Badehosen an und nach jeder Rechenstunde kühlt man sich im Fluss ab. Natürlich sind die Noten längst abgeschafft, die Lehrer sind immer fröhlich und spielen am liebsten Gummihüpfen.
Nur, wo die Schule liegt, habe ich vergessen.

(122 Wörter)

Benotungs-vorschlag	Fehler	0-2	3-5	6-9	10-13	14-17	ab 18
	Note	1	2	3	4	5	6

Schwierige Wörter und Satzteile:
längst abgeschafft – sechsunddreißig – ein riesiger Pferdestall – ein schmaler Pfad führt hin – Erdbeere – Radieschen – Fahrradkeller – ich muss reiten – er holt Äste – fröhlich – vergessen – Gummihüpfen – Fluss

Übungen und Regeln

F o r m e   u m !   D e n k e   daran, dass **Verdoppelungen** immer erhalten bleiben.

schaffen -	geschafft	*passen* -	______
rollen -	______	*wollen* -	______
summen -	______	*sonnen* -	______

S e t z e   z u s a m m e n !   Es entsteht **immer** ein **zusammengesetztes Namenwort**, das du **groß**schreiben musst.

Erde + *Beere* = Erdbeere

Stachel + *Beere* = ______

blau + *Beere* = ______

F o r m e   u m !   B e a c h t e :   Wenn ein *h* steht, dann bleibt es erhalten. Bitte erfinde aber kein *h* dazu!

führen	– *er* führt	*rühren*	– *ich* ______
zahlen	– *du* ______	*sparen*	– *er* ______
spüren	– *sie* ______	*fahren*	– *sie* ______
kehren	– *er* ______	*holen*	– *du* ______

Lösungen auf Seite 77

Zum Schluss noch eine Übung, bei der du eine Geheimschrift entschlüsseln musst. Welche der **schwierigen Wörter** aus dem Diktattext sind hier dargestellt?   V e r w e n d e   **Schreibschrift**!

1) 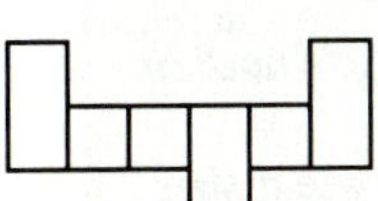

2) 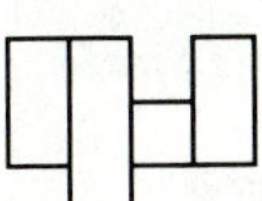

3) 

4) 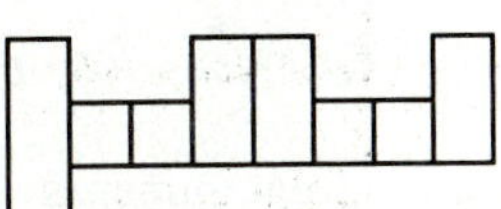

Lösungen auf Seite 77

Was weißt du vom Eichhörnchen?

21 Eichhörnchen mit ihrem fuchsroten oder schwarzbraunen Fell sind unsere Lieblinge. Wir staunen, wenn sie von Ast zu Ast segeln, wobei ihr buschiger Schwanz als Steuer dient. Sie ernähren sich von Knospen, Blüten, Beeren und Pilzen. Für den Winter muss vorgesorgt werden. Mit den Vorderpfoten scharrt das Tier eine flache Mulde, legt zum Beispiel eine Hasel- oder Walnuss hinein und stößt sie mit der Schnauze fest in den Boden. Anschließend schiebt es lockere Erde darüber. Hat es im Sommer fleißig Vorräte gesammelt, kann es dem Winter gelassen entgegensehen. Wenn es draußen stürmt und schneit, sitzt es unter seinem überdachten Nest und benützt seinen Schwanz als Bettdecke. Ist es hungrig, wittert es die gesammelten Leckerbissen unter der dicksten Schneedecke.

(123 Wörter)

Benotungs-vorschlag	Fehler	0-2	3-6	7-10	11-14	15-20	ab 21
	Note	1	2	3	4	5	6

Schwierige Wörter und Satzteile:

es hat fleißig Vorräte gesammelt - es scharrt mit den Vorderpfoten eine flache Mulde - sich ernähren - Hasel- oder Walnuss - mit ihrem fuchsroten oder schwarzbraunen Fell - weißt du es? - anschließend - Leckerbissen - wenn es draußen stürmt und schneit - es dient als Steuer - fest

Das musst du über die *s*-Laute wissen:

nach **kurzem** Selbstlaut	nach **langem** Selbstlaut	nach **Doppellaut**
die Nuss - der Bissen	*sich stoßen - die Straße*	*fleißig, draußen*
folgt immer *ss*	steht wie bisher ***ß***	folgt wie bisher

Zum Abschluss darfst du diesmal ein Kreuzworträtsel lösen. **Beachte**: Die Kästchen mit den Sternchen werden **nicht** beschrieben. Du kannst sie bunt ausmalen. **Abk**. bedeutet: **Abkürzung**. Wo ein Wort fehlt, stehen **drei** Punkte **. . .** . Dieses **fehlende Wort** musst du ins **Kreuzworträtsel** schreiben.

		Stunde M . . . Sekunde	der Zug kommt um12 Uhr . . .	ein Lehrer hält U . . .	da kann man baden	*	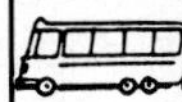	sie kam . . . 8 Uhr	großer Raum
						das Kästchen steht . . . dem Bett			
	Gegenteil von außen						Abk.für Mittelalter		
	*		Getränk				die Henne legt ein . . .	Mädchenname	
					anderes Wort für Axt				
*			deutscher Fluss / Wort für Heirat		H				
kleine Früchte an Sträuchern							er,sie,. . . / Gewürz		
*		ein Bewohner Irlands ist ein			Abk. für evangelisch				
das tut man mit der Nase								*	
*	*		*		4				
was Diebe mitnehmen, ist die						Abk. für Sankt (=heilig)		T	*

Lösungen auf Seite 78

Wann flog der erste Ballon?

22 Zwei Brüder saßen eines Abends vor dem Kaminfeuer. Durch den Schornstein stieg der Rauch nach oben. Einer nahm ein Stück Seide, formte eine Hülle, die unten offen war, und hielt sie über das Feuer. Die Hülle füllte sich mit heißer Luft und schwebte empor. Am 5. Juni 1783 hängten die Brüder eine riesige Hülle aus Papier und Leinwand über ein Feuer aus Wolle und feuchtem Stroh. Von erhitzter Luft getragen schwebte der Ballon fast 2000 Meter hoch. Als das Gas in ihm wieder abkühlte, fiel er sanft zur Erde. Etwas später startete ein Heißluftballon mit einer Ente, einem Hahn und einem Schaf. Schließlich gelang noch im selben Jahr der erste Aufstieg mit einem Menschen.

(119 Wörter)

Hinweis: Das Diktat handelt von den Brüdern Montgolfier.

Benotungs-vorschlag	Fehler	0-2	3-5	6-8	9-11	12-14	ab 15
	Note	1	2	3	4	5	6

Schwierige Wörter und Satzteile:
sie hängten eine riesige Hülle auf – Ballon – die Hülle füllte sich – er fiel sanft zur Erde – der erste Aufstieg – sie saßen eines Abends vor dem Kaminfeuer – fast 2000 Meter hoch – er schwebte empor – erhitzt

---

Übungen und Regeln

Diese **Zeitwörter** stehen in der **Vergangenheit**.

~~sie fiel~~ - er stieg - es roch - sie kroch - er hielt - es zog

S c h r e i b e die Zeitwörter aus dem Kästchen an die **richtige** Stelle!

sie fällt → sie fiel *er hält* → ________

sie kriecht → sie ________ *er steigt* → ________

es zieht → ________ *es riecht* → ________

F o r m e **Zeitwörter** in **Namenwörter** u m ! **Groß**schreiben!

aufsteigen→ der Aufstieg *aussteigen* →________

überfallen→________ *einfallen* →________

S e t z e richtig e i n : *fiel* oder *viel* ?
(M e r k e : *fiel* kommt von *fallen*, z.B. *Susi fiel ins Wasser.*)

1. *Er* ________ *zur Erde.*

2. *Du hast* ________ *Geduld.*

3. *Eine Sternschnuppe* ________ *vom Himmel.*

4. *Sie macht mir* ________ *Ärger.*

5. *Er aß zu* ________ *Eis.*

Zum Schluss einige seltsame Dinge:

ein **Schlaf**wagen, der schläft
ein **Lese**buch, das l________
ein Niespulver, das ________
eine Spielkarte, die ________
eine Sprechanlage, die ________
eine Speisekarte, die ________
eine Stoßstange, die ________

Lösungen auf Seite 78

Wildsau Luise

23 Ein Polizist hat einem Wildschwein, genannt Luise, beigebracht nach Sprengstoff und Rauschgift zu schnüffeln. Wildschweine haben äußerst scharfe Sinne. Sie sind besonders schlau und gescheit, deshalb kann man sie nur schwer daran hindern ein Maisfeld leer zu fressen oder auf der Suche nach Ungeziefer eine Wiese zu durchwühlen. Sie werden bis zu zwei Meter lang und können drei Zentner wiegen. Trotz ihrer gefährlichen Eckzähne sind sie friedlich und greifen nur an, wenn man ihren Nachwuchs bedroht. Wichtig ist ihnen die Körperpflege: Schlammbäder vertreiben Ungeziefer und kühlen an heißen Tagen.

(91 Wörter)

Benotungs-vorschlag	**Fehler**	0-1	2-4	5-8	9-11	12-16	ab 17
	Note	1	2	3	4	5	6

Schwierige Wörter und Satzteile:
sie hindern ein **Mais**feld **lee**r zu fressen – Schla**mm**b**ä**der – die **S**uche nach **U**ngez**ie**fer – **äuß**erst scharfe **S**inne – die Wiese durchwü**h**len – ma**n** be**d**ro**h**t den **N**achwu**ch**s – gena**nn**t Luise – schnü**ff**eln – **trotz** der **Eck**zähne – zwei **M**eter lang

---

Übungen und Regeln

S e t z e   z u s a m m e n ! Die **Doppelbuchstaben** nicht vergessen!

Schlamm + *Bad* = Schlammbad

Bett + *Wäsche* = ______________

Ball + *Spiel* = ______________

F o r m e u m ! Das **nn** bleibt immer erhalten.
Jedes Wort beginnt mit der Vorsilbe *ge-*.

nennen →	genannt	*brennen* →	______
kennen →	ge______	*rennen* →	______

F o r m e die **Zeitwörter** in **Namenwörter** u m !

suchen →	*die* Suche	*reden* →	*die* ______
wetten →	*die* ______	*beichten* →	*die* ______

Hier folgen **drei** gleiche Buchstaben hintereinander!

Schritt + *Tempo* = Schritttempo

Bett + *Tuch* = ______

Nuss + *Schale* = ______

Schreibe das Gedicht mit den richtigen Reimwörtern auf!
Ersetze die Bilder durch Wörter!

Allerlei Gereimtes

Böse  knurren,
doch sanfte  ______.
Weil  kräftig brummen,
wollen  lieber ______.
 müssen fauchen,

sie können ja nicht t______.
Wenn nachts die  quaken,
besuchen uns die Schnaken.
Und weil die  klappern,
müssen Kinder ständig ______.

Lösungen auf Seite 78 und 79

Vorher anschreiben: Vampire, Südamerika

Gibt es Vampire?

24 Vampire sind mit den Fledermäusen verwandt. Sie leben in Südamerika sowie in wärmeren Gegenden Nordamerikas und ernähren sich vom Blut anderer Säugetiere. Mit messerscharfen Schneidezähnen bringen sie ihren Opfern kleine Hautwunden bei. Das ausfließende Blut lecken sie mit ihren langen, schmalen Zungen auf. Dabei gehen sie so vorsichtig ans Werk, dass schlafende Tiere oder Menschen nicht aufwachen. Der Biss und der Blutverlust sind nicht schlimm. Gefährlich ist nur, dass Vampire Krankheiten übertragen.

(75 Wörter)

Benotungs-vorschlag	**Fehler**	0-2	3-5	6-8	9-11	12-15	ab 16
	Note	1	2	3	4	5	6

Schwierige Wörter und Satzteile:
messerscharf – mit ihm verwan**dt** – der **Biss** sowie der Blu**tv**erlust – sie le**ck**en das ausflie**ß**en**d**e Blut – sie ern**äh**ren sich vo**m** Blut der S**äu**getiere – gef**äh**rlich ist, da**ss** sie **K**rankheiten über**t**ragen

---

Übungen und Regeln

Setze zusammen: **Namenwort + Eigenschaftswort**.
Du erhältst ein **zusammengesetztes Eigenschaftswort**.
Schreibe **klein**!

Messer + *scharf* = messerscharf

Pudel + *wohl* = ____________

Riese + *groß* = ____________

Stein + *hart* = ____________

Meter + *lang* = ________________

Butter + *weich* = ________________

Forme das **Namenwort** in ein Zeitwort um! Achte auch auf das *ie*! Denke daran: Aus *ss* wird hier *ß*!

Fluss - fließen ____ *Schuss* - ____________

Schluss - ____________ *Riss* - ____________

Lösungen auf Seite 79

Bilde Sätze mit *dass*! Denke bitte immer an das *ss*!

leise / hören → *Sie war so* leise, dass Mark nichts hörte.

müde / einschlafen → *Tom war so* ________, ______ *er gleich* ____________.

laut / schimpfen → *Wir waren so* ________, ______ *die Nachbarn* ____________.

Zum Schluss wieder lustige Reime. Setze ein!

Seht ihr die Mücke mit der Kr__________?

Die Kuh verlor den Sch_______.

Der Hase in der V_____ kratzt sich an der N____.

Au! Der Ziegenbock schlägt mit dem St______.

Die Gämse tritt auf die Br__________.

Lösungen auf Seite 79

Vorher anschreiben: Dinosaurier, Meteorit

Die lange Nacht, in der die Dinosaurier starben

25 Zuerst fand man nur Zähne und einige Knochen, aber die Wissenschaftler suchten, bis sie das erste Riesentier zusammengesetzt hatten. Sie nannten es Dinosaurier, das heißt schreckliche Echse. Überall auf der Welt hat man inzwischen weitere Funde gemacht und wir wissen viel über diese Tiere. Sie haben unsere Erde 140 Millionen Jahre beherrscht. Es gab harmlose Pflanzenfresser mit stumpfen Zähnen und Raubtiere, die zu den gefährlichsten gehören, die je auf unserer Erde gelebt haben.

Ein großes Geheimnis bleibt das schreckliche Sterben der Dinosaurier. Vielleicht war es ein riesiger Meteorit, der vor 65 Millionen Jahren auf die Erde stürzte. Giftige Gase, eine weltweite Staubwolke und völlige Dunkelheit hätten dann die größten Bewohner der Erde ausgerottet.

(121 Wörter)

Benotungs-vorschlag	Fehler	0-2	3-5	6-9	10-14	15-19	ab 20
	Note	1	2	3	4	5	6

Schwierige Wörter und Satzteile:
vie**ll**eicht – vö**ll**ige Dunkelheit – **Ech**sen haben die Erde behe**rr**scht – das schre**ck**liche **S**terben – eine **w**eltweite Staubwolke – **Raub**tiere – ausgero**tt**et – riesig – weitere **F**unde – giftige **G**ase – er stü**rz**te – **B**ewo**h**ner – sie na**nn**ten es so – **G**eheimnis – ha**r**mlos – übera**ll** – inzw**i**schen

Übungen und Regeln

Hier musst du das **Zeitwort groß**schreiben, weil sich *das* darauf bezieht.

hell / *leuchten* → *das* helle Leuchten

lang / *warten* → *das* ________ ________

schnell / *fahren* → *das* ________ ________

laut / *schreien* → *das* ________ ________

S e t z e diese Wörter **richtig** in die folgenden Sätze e i n :
vielleicht - völlig - riesig - Geheimnis !
A c h t e auf ihre Schreibung!

1. *Es war* ____________ *dunkel.*
2. ____________ *komme ich morgen.*
3. *Ich freue mich* ____________.
4. *Michaela hat ein* ____________ *vor mir.*

Zum Schluss lustige Bilderrätsel!
Was bedeuten die Bilder?

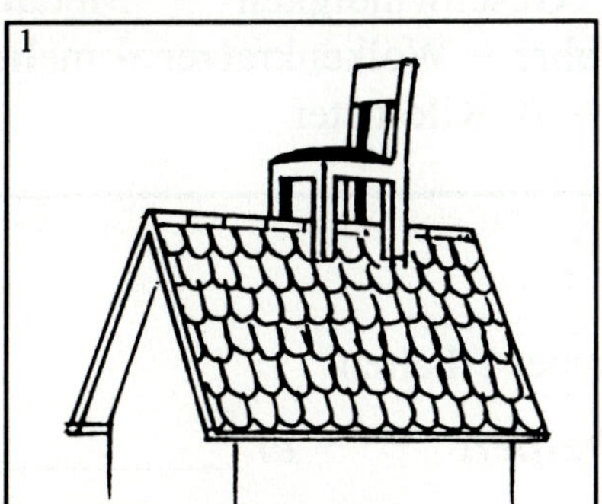

Dachstuhl

Lösungen auf Seite 79

Vorher anschreiben: Meteorit

Was ist eine Sternschnuppe?

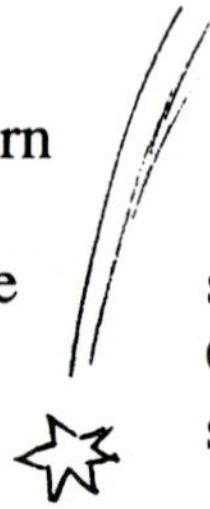

26 Zwischen den Himmelskörpern fliegen kleinere oder größere Brocken aus Gestein oder Metall umher. Wenn einer dieser Körper auf die Erde stürzt, sehen wir eine Sternschnuppe. Die meisten dieser Gebilde sind nicht größer als ein Sandkorn. Mit hoher Geschwindigkeit (bis zu 70 Kilometer in der Sekunde) treten sie in unsere Lufthülle ein und verglühen. Wir sehen einen feinen leuchtenden Strich. Seltener sind Brocken so groß wie eine Faust. Sie heißen Meteoriten. Sie verursachen eine grünliche, blendende Leuchterscheinung und verdampfen nicht ganz, ehe sie auf dem Erdboden aufschlagen. Nur alle paar Millionen Jahre trifft ein Meteorit so groß wie ein Haus oder ein Wolkenkratzer die Erde. Er zertrümmert die Gesteinsschicht und reißt einen kreisrunden Krater von mehreren Kilometern Durchmesser in den Boden.

(124 Wörter)

Benotungsvorschlag	Fehler	0-2	3-6	7-10	11-13	14-17	ab 18
	Note	1	2	3	4	5	6

Schwierige Wörter und Satzteile:
er **triff**t ihn – er rei**ß**t einen **k**reisrunden **K**rater – **Durch**messer – er zertrü**mm**ert die **Ges**teinsschicht – **G**eschwindi**g**keit – Meta**ll** – Stern**sch**nu**pp**e – ein **paa**r **Milli**onen Jahre – Wolkenkra**tz**er – me**h**rere **Brock**en ver**gl**ühen – **S**trich – **G**eb**i**lde – 70 **Ki**lometer

---

Übungen und Regeln

F o r m e u m ! Das *ß* bleibt immer erhalten.

reißen – *er* reißt ______ *beißen* – *er* ______

heißen – *er* ______ *schmeißen* – *er* ______

B i l d e **zusammengesetzte Namenwörter** !
Du erhältst **sieben** Wörter.

~~Wolken~~-/ -schnuppe/ Luft-/ Sand-/ -~~kratzer~~/
Stern-/ -korn/ -hülle/ Durch-/ -boden/ Leucht-/
-messer/ Erd-/ -erscheinung

Eine kleine Hilfe: Alle Wörter kommen im Diktat *„Was ist eine Sternschnuppe?“* vor.

Wolkenkratzer

Bei der folgenden Aufgabe musst du **Wörter** aus dem **Diktat**, Namen von **Früchten**, **Musikinstrumenten** und **Tieren** wieder richtig zusammensetzen. S c h r e i b e sie in dein Heft!

Sternkorn	-	Sternschnuppe	Erdkratzer	-	
Sandschnuppe	-	Sandkorn	Wolkenboden	-	
Zinane	-		Kirtel	-	
Batrone	-		Datsche	-	
Saxopete	-		Klariline	-	
Tromfon	-		Mandonette	-	
Kabra	-		Krokofant	-	
Zemel	-		Eledil	-	

Lösungen auf Seite 79

B) Wichtige Hinweise für Eltern zum Gebrauch der Diktatsammlung

1. Was wird gebraucht?

Ihr Kind braucht ein einfaches **Schreibheft** oder einen **Schreibblock**. Schreiben sollte es nur mit **Bleistift**. Warum?
Weil dann etwaige Fehler mit **Radiergummi** wieder beseitigt werden können. Es ist nämlich wichtig, dass Schülertexte **frei von Rechtschreibfehlern** sind. Unser Gehirn macht keinen Unterschied zwischen richtigen und falschen Wortbildern, die es über das Auge wahrnimmt – es prägt sich beide ein! Deshalb genügt es nicht, wenn Fehler lediglich durchgestrichen werden, sie müssen im Text selber verbessert werden. Vergleichen Sie dazu auch **Punkt 4** (Seite 56)!

2. Was wird diktiert?

Erkundigen Sie sich beim Lehrer oder bei Ihrem Kind, wie in der Klasse diktiert wird, ansonsten können Sie sich beim Diktieren an folgendes Ablaufschema halten:

Das müssen **Sie** tun:	Das muss **Ihr Kind** tun:
• Zuerst wird das **ganze** Diktat vorgelesen. Bitte sprechen Sie unbedingt **deutlich!** **Inhaltliche** Schwierigkeiten sollten gleich jetzt geklärt werden.	
	→ Ihr Kind braucht zunächst nur **zuzuhören**.
• Vor dem eigentlichen Diktat müssen Sie Ihrem Kind unbedingt folgende Hinweise geben: –Auf ähnlich klingende Endungen, die man leicht verwechseln kann, achten (z.B. *dem-den / einem-einen*)! –Die **Satzzeichen** nicht vergessen! –Immer die Oberzeichen (bei *i, ö, ü, ä*) setzen!	

- Die einzelnen Sätze sollten Sie so diktieren:

  -Sagen Sie jeweils einen **ganzen Satz** an! Sprechen Sie deutlich!

  → Ihr Kind muss **genau zuhören, mitdenken** und auf die **Endungen** achten.

  -Sagen Sie einen **sinnvollen Satzteil** an, vergessen Sie die Satzzeichen nicht!

  → Ihr Kind muss zuhören, sich jedes Wort merken und auf Endungen und Satzzeichen achten. Anschließend soll es den von Ihnen vorgelesenen **Satzteil** laut oder leise **nachsprechen**.

  -Bitte kontrollieren Sie Ihr Kind beim Nachsprechen. **Hörfehler** können dann korrigiert werden.

  → Anschließend kann Ihr Kind den Satzteil **niederschreiben**.

  -Sie sollten jetzt keine Rückfragen mehr beantworten.

- Zum Schluss wird das ganze Diktat noch einmal **langsam vorgelesen**. Ob mit oder ohne Satzzeichen, hängt davon ab, wie Ihr Kind es von der Schule her gewöhnt ist.

  → Wichtig ist, dass Ihr Kind darauf achtet, dass es keine Wörter **ausgelassen, verwechselt** oder nicht im Text enthaltene **dazugeschrieben** hat. Außerdem sollte es nochmals auf **Endungen** hören und den **unterschiedlichen Klang** z.B. von *den-denn* und *wen-wenn* beachten.

- Wenn Sie einmal keine Zeit zum Diktieren haben, kann ihr Kind auch alleine arbeiten.

  → Es soll:
  jeweils **einen** Satz **genau lesen,**
  ihn anschließend **abdecken**,
  ihn dann **auswendig** aufschreiben
  und **sofort** verbessern (S.56, Nr. 4)

3. Wie wird bewertet?

- **Mehrere** Fehler in **einem** Wort zählen als **ein** Fehler.
- Wird dasselbe Wort im Diktat **mehrmals** falsch geschrieben, so wird nur **ein** Fehler gezählt.
- **Ausgelassene, zu viel** oder **ersatzweise** geschriebene Wörter ergeben je **einen** Fehler.
- **Fehlende Oberzeichen** (bei *ä,i,ö,ü*) sind **halbe** Fehler.
- Falsche, fehlende oder an einer falschen Stelle gesetzte **Satzzeichen** sind **halbe** Fehler.

Die beigefügten **Notenschlüssel** sollen nur eine unverbindliche Richtlinie sein. Bei schwächeren Schülern sollte auf jeden Fall ein „milderer" Maßstab angelegt werden um den Schüler nicht zu entmutigen.

4. Wie wird verbessert?

Grundsätzlich wird im Diktat selbst verbessert: Das falsch geschriebene Wort wird **ausradiert** und dann richtig niedergeschrieben.
Anschließend sollte man das **ganze Wort** oder die **Fehlerstelle unterstreichen**, damit man die Fehlerwörter später noch erkennt.

Es sollte zur Gewohnheit werden: **Nirgends darf ein falsch geschriebenes Wort stehen**. Denn auch Falsches prägt sich – leider – ein.

Eine weitere Verbesserungsmöglichkeit bietet die Anlage einer **Lernkartei**. Das ist die **sinnvollste** Art und Weise seine Rechtschreibkenntnisse zu erweitern.
Die Arbeit mit der Lernkartei ist auf den Seiten 58 bis 71 beschrieben.

5. Wie wird der Verbesserungserfolg kontrolliert?

Auch hier ermöglicht die Lernkartei eine fortlaufende Kontrolle der Lernfortschritte Ihres Kindes.
Wenn Sie keine Lernkartei anlegen wollen, so finden Sie unter den Diktattexten jeweils die **schwierigsten Wörter** dieses Diktats aufgelistet. Wenn Sie diese Ihrem Kind in gewissen Abständen diktieren, so haben Sie ebenfalls eine recht gute Kontrolle über seine Lernfortschritte.

6. Wie wird geübt?

Eine Diktatsammlung ist natürlich kein Übungsbuch für die Rechtschreibung. Gleichwohl finden Sie zum jeweiligen Diktat eine Reihe von Übungen, die vom Schüler ganz allein bearbeitet werden können. Die Übungen sollen Rechtschreibprobleme im jeweiligen Diktat beseitigen helfen.

Zum Schluss muss aber noch bemerkt werden, dass die Arbeit mit der **Lernkartei** immer auch zugleich die **beste Übungsform** ist.

7. Was können Sie bei schwachen Schülern zusätzlich tun?

Eine wirksame Hilfe für Schüler mit erheblichen Rechtschreibschwierigkeiten bietet der **Übungswortschatz** (Seite 82 bis 91).
Dort finden Sie in alphabetischer Reihenfolge **Wörter aus den Diktaten** (und andere), die

- in unserer Sprache **am häufigsten gebraucht**
- und zudem **oft falsch geschrieben** werden.

Diktieren Sie bitte immer wieder Wörter aus dieser Liste und kreuzen Sie die falsch geschriebenen Wörter an oder nehmen Sie sie in die Lernkartei auf!

C) Die Arbeit mit der Lernkartei - der Weg zum sicheren Recht-schreiben

Du hast Diktate geschrieben – und Fehler gemacht. Das geht wohl jedem so. Aber du willst aus deinen Fehlern lernen, deshalb hast du beschlossen, dir die Wörter, die du noch nicht beherrschst, richtig einzuprägen. Da gibt es natürlich mehrere Möglichkeiten. Mir scheint die Arbeit mit einer **Lernkartei** besonders empfehlenswert. Willst du es einmal versuchen?
Natürlich kannst du in dieser Lernkartei auch Wörter sammeln, die du bei anderen Gelegenheiten falsch geschrieben hast – also nicht nur deine Fehlerwörter aus dieser Diktatsammlung.

- **Besorge dir im Schreibwarengeschäft** eine **Lernkartei**. Sie enthält in einem passenden Gehäuse – meist eine Plastikbox – eine Anzahl **Karteikarten**.
- Lernkarteien gibt es in verschiedenen Größen - am geeignetsten ist eine Kartei mit Karteikarten im Format DIN A7 oder DIN A8 quer.
- **Wichtiger Hinweis:** Diese Lernkartei ist **nicht** beim Verlag erhältlich!

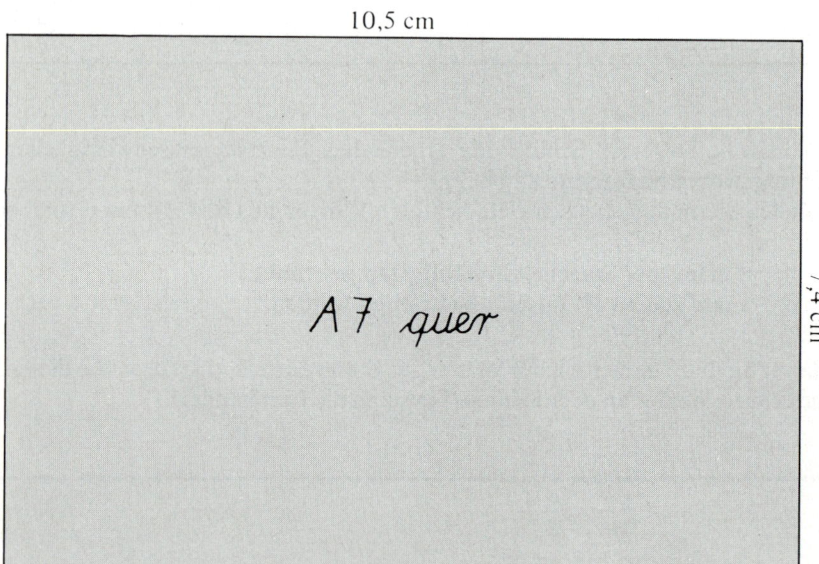

Originalgröße einer A7–Karteikarte (10,5 cm x 7,4 cm)

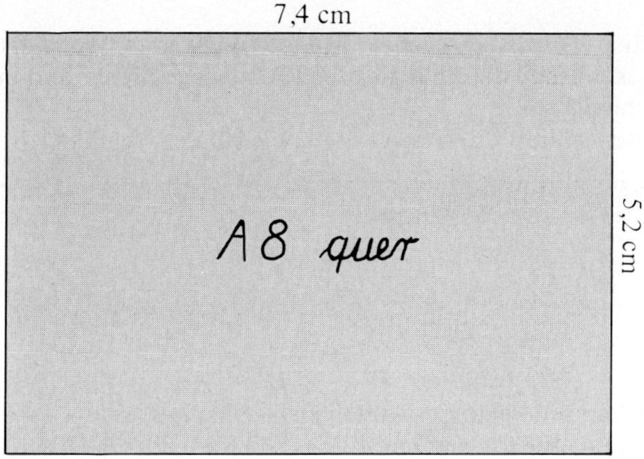

Originalgröße einer A8–Karteikarte (7,4 cm x 5,2 cm)

Für den Anfang brauchst du ca. 200 Karteikarten.

In der Regel enthält eine solche Lernkartei auch **Trennkarten**. Sie sind etwas größer als die Karteikarten. Die folgende Zeichnung zeigt dir, was gemeint ist:

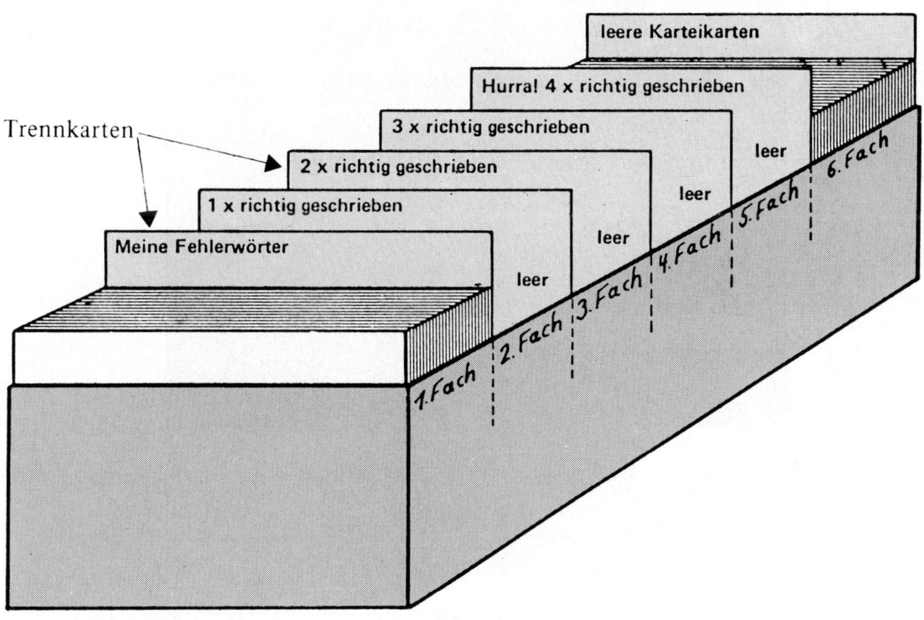

Für deine Arbeit brauchst du **sechs** (farbige) Trennkarten. Wenn deine Lernkartei weniger enthält, kannst du dir die fehlenden leicht aus größeren Karten oder einem Karton zurechtschneiden.
Die Trennkarten solltest du so beschriften wie auf der Abbildung S. 59 angegeben:

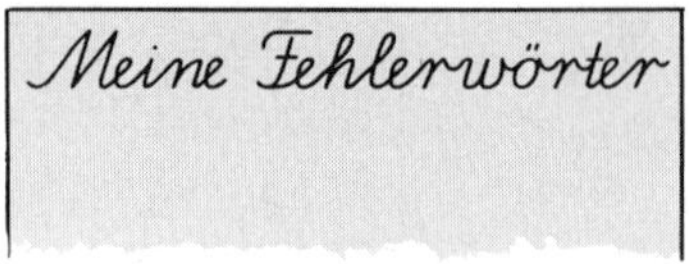

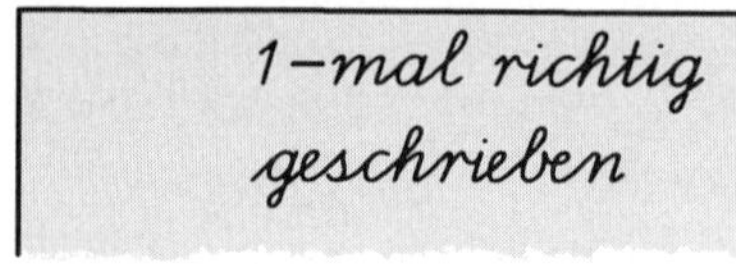

- Natürlich kannst du eine Lernkartei auch **selbst herstellen**. Du beschaffst dir im Schreibwarengeschäft dann nur die ca. 200 Karteikarten DIN A7 oder DIN A8.

  Das passende Gehäuse musst du dir **selbst basteln**, indem du einen Pappkarton folgendermaßen zuschneidest und diesen dann zusammenklebst:
  (Vielleicht erübrigt sich diese Arbeit, wenn du bei dir zu Hause eine fertige Schachtel findest, die ungefähr diese Größe hat.)

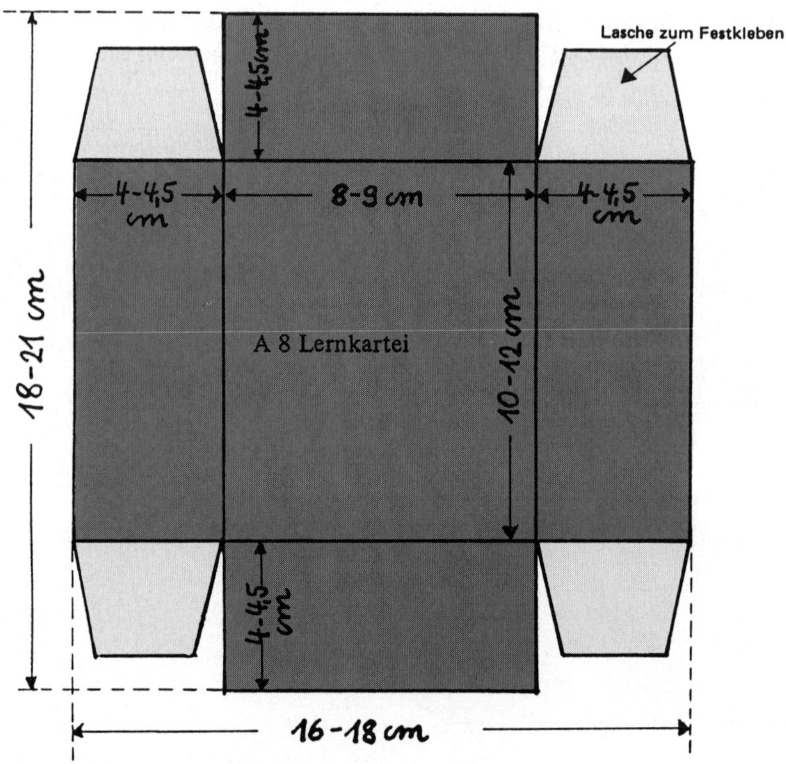

A8-Lernkartei

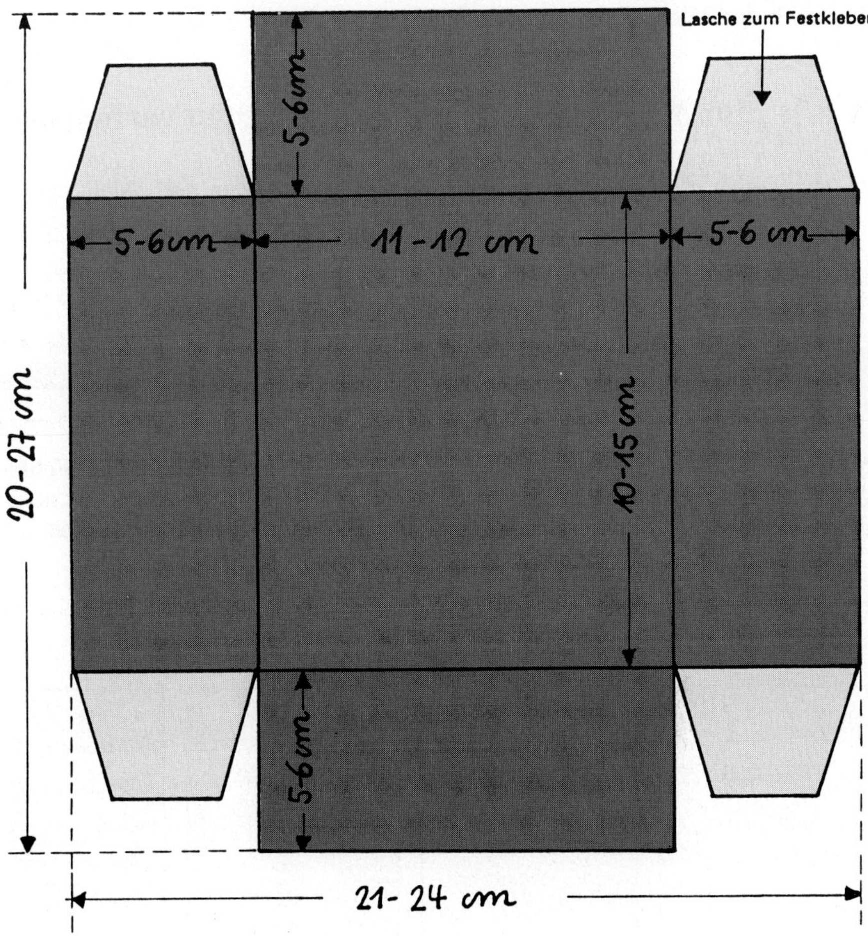

A7-Lernkartei

Arbeite erst weiter, wenn du alles vorbereitet hast!

Du hast dir inzwischen einen **Karteikasten** mit passenden **Karteikarten** besorgt. Nun musst du zwei Dinge lernen:

I) das Verbessern der Fehlerwörter auf den Karteikarten
II) die Arbeit mit der Lernkartei

Gehen wir der Reihe nach vor.

I) Wie man Fehlerwörter auf Karteikarten verbessert

Du wirst dich vielleicht fragen, was daran schwierig sein soll. Man schreibt das **Fehlerwort** eben **richtig** auf. Leider genügt das aber nicht immer. Dazu ein Beispiel:

Ein Schüler hat in einem Diktattext das Eigenschaftswort *riesig* **groß-** statt **klein**geschrieben.

Vor der Höhle lag noch immer der riesige Stein.

Wichtiger Hinweis: In diesem Beispiel (und in allen folgenden) ist die **Fehlerstelle unterstrichen**. Der Fehler selbst wird natürlich nicht noch einmal geschrieben, sonst würdest du dir noch die falsche Schreibweise einprägen.

Hier sind einige Möglichkeiten, wie man das Wort auf der Karteikarte **verbessern** könnte:

riesig	der riesige Stein	riesige	Vor der Höhle lag noch immer der riesige Stein.

Schreibe auf, welche **Verbesserungsform** deiner Meinung nach am **sinnvollsten** ist!

Lösung auf Seite 80

1. Die Verbesserung des **Namenworts** (Substantivs)

Hinweis: Die verschiedenen **Wortarten** werden in den Hauschka-Lernhilfen Sprachlehre Nr. **214** und **215** behandelt.

Auch bei den folgenden Beispielen sind wieder alle Wörter richtig geschrieben, aber die Stellen, bei denen ein **Rechtschreibfehler** gemacht wurde, sind jeweils **unterstrichen**.

Wir hörten ein unheimliches Geräusch.

Er rauchte viele Zigaretten.

das Geräusch

die Zigaretten

Das **Namenwort** (Substantiv) wird immer **zusammen** mit dem **Geschlechtswort** (Artikel) aufgeschrieben.

V e r b e s s e r e jetzt ebenso!

Die Obstbäume standen in voller Blüte.

Er ließ keine Gelegenheit aus um zu üben.

d Bl ____________

____

Lösungen auf Seite 80

2. Die Verbesserung des **Zeitworts** (Verbs)

Maria liest ein Buch.

Sie verloren das Spiel.

Maria liest

dazugehöriges **Namenwort** (Substantiv)

sie verloren

dazugehöriges **persönliches Fürwort** (Personalpronomen)

Das **Zeitwort** wird immer **zusammen** mit dem dazugehörigen **Namenwort** oder **persönlichen Fürwort** verbessert.

V e r b e s s e r e ebenso!

Benedikt erschrak, als er den Krach hörte.

B ________ er ________

Ich stürzte bei dem Gedränge.

i ________

Lösungen auf Seite 80

Davon sind **Zeitwörter** zu unterscheiden, die **groß**geschrieben werden, weil sie wie ein Namenwort gebraucht werden. Meist stehen dann vor dem Zeitwort Wörter wie *beim* (= ***bei dem***), *vom* (= ***von dem***), *zum* (= ***zu dem***), *das*, *im* oder *am*.
Beispiele:

Du störst mich beim Lesen. → *beim Lesen*
Wir kommen vom Baden. → *vom Baden*
Zum Einkaufen geht meistens Vater. → *zum Einkaufen*
Das Schwätzen stört den Unterricht. → *das Schwätzen*

V e r b e s s e r e jetzt selbst!

Wir waren alle beim Schwimmen.

Bitte, komm doch mit zum Spielen.

Manchmal macht das Lernen Spaß.

beim ______________ ______________ ______________

Lösungen auf Seite 80

3. Die Verbesserung des **Eigenschaftsworts** (Adjektivs)

Hier gibt es vor allem **zwei** Möglichkeiten:

Es klang dumpf, als er auf eine hohle Stelle klopfte.

Das Wetter war herrlich.

eine hohle Stelle

Geschlechtswort (Artikel) + Namenwort (Substantiv)

es war herrlich

persönliches Fürwort (Personalpronomen) + Hilfszeitwort (Hilfsverb)

Das **Eigenschaftswort** wird zusammen mit dem **Geschlechtswort** oder einem **persönlichen Fürwort** verbessert.

V e r b e s s e r e jetzt ebenso!

Die Lehrerin machte eine spöttische Bemerkung.

Ich bin froh, dass du die Prüfung bestanden hast.

eine ______________

ich ______________

Lösungen auf Seite 80

Auch **Eigenschaftswörter** werden **groß**geschrieben, wenn sie wie **Namenwörter** gebraucht werden, z.B. in Verbindung mit Wörtern wie *wenig, nichts, viel, alles, etwas, manches* oder wenn sich die Geschlechtswörter *der, die, das* auf das Eigenschaftswort beziehen.
Beispiele:

Es gab wenig Neues. → wenig Neues
Seine Miene verriet nichts Gutes. → nichts Gutes
Wir sahen viel Schönes. → viel Schönes
Er entdeckte etwas Großartiges. → etwas Großartiges
Der Tüchtige hat nicht immer Erfolg. → der Tüchtige

V e r b e s s e r e ebenso!

Das alte Jahr hatte wenig Erfreuliches gebracht.

Der Stärkere setzt sich leichter durch.

Lösungen auf Seite 80

---

4. Die Verbesserung bei **ähnlich klingenden Wörtern**, bei **Endungsfehlern** und bei **Getrennt– und Zusammenschreibung**

- Bei Fehlern mit *das - dass, den - denn, wen - wenn, ihn - in, fiel - viel, ihm - im* usw. empfiehlt es sich den **ganzen Satz** auf die Karteikarte zu schreiben:

Ich wusste, dass er log. → Ich wusste, dass er log.

Martin strahlte, denn er hatte bestanden. → Martin strahlte, denn er hatte bestanden.

● Bei **Endungsfehlern** (*den - dem, einen - einem*) genügt ein sinnvoller **Satzteil**:

Meine Tante aß die Nachspeise mit großem Appetit. → mit großem Appetit

Verbessere ebenso!

Über dem Land lag eine radioaktive Wolke.

Der Nachteil liegt auf technischem Gebiet.

Lösungen auf Seite 80

● Bei Fehlern der **Getrennt- und Zusammenschreibung** ist es in der Regel nötig den **ganzen** Satz aufzuschreiben:

Herr Ohm lässt sich den Betrag gutschreiben. → Herr Ohm lässt sich den Betrag gutschreiben.

Offen gestanden glaube ich nicht daran. → Offen gestanden glaube ich nicht daran.

Verbessere ebenso!

Mein Freund wird dichthalten.

Du musst deine Wünsche vorher sagen.

Lösungen auf Seite 80

5. Die Verbesserung der **übrigen Wortarten**

Bei den übrigen Wortarten können in der Regel die jeweiligen Fehlerwörter **allein** auf die Karteikarte geschrieben werden.

V e r b e s s e r e ! (Die Fehlerstelle ist unterstrichen.)

Das Haus stand jenseits des Flusses.

Tom kommt wahrscheinlich nicht.

Lösungen auf Seite 81

6. **Zusammenfassende Übersicht**

S t u d i e r e diese Übersicht genau!

Wortart	Beispielsatz		Karteikarte
Namenwort (Substantiv)	*Wir bekamen frisches Obst.*	→	das Obst
Zeitwort (Verb)	*Ralf pfiff mit den Fingern.*	→	Ralf pfiff
Zeitwort Großschreibung	*Das Spülen der Wäsche ist wichtig.*	→	das Spülen
Eigenschafts-wort (Adjektiv)	*Wir sahen nur zufriedene Gesichter.*	→	ein zufriedenes Gesicht
Eigenschafts-wort Großschreibung	*In der Natur sieht man viel Herrliches.*	→	viel Herrliches
ähnlich klingende Wörter	*Mutter mahlte den Weizen zum Backen.*	→	Mutter mahlte den Weizen zum Backen.
Endungsfehler	*Tom saß auf einem Jägerstand.*	→	auf einem Jägerstand
Getrennt-, Zusammen-schreibung	*Es ist schwer das Wetter vorherzusagen.*	→	Es ist schwer das Wetter vorherzusagen.
übrige Wortarten	*Die Aufgabe war ziemlich schwer.*	→	ziemlich

Mit Hilfe der vorhergegangenen Übersicht kannst du die folgenden Aufgaben sicher lösen.

V e r b e s s e r e wieder!

1) Es hatte sich nichts Besonderes ereignet.
2) Ilse heizte das Wohnzimmer.
3) Der Griff brach ab.
4) Hoffentlich kommt Vater bald.
5) Er wartet, dass du ihm schreibst.
6) Peter ging zum Waschen.
7) Susanne hatte einen hübschen Ring.
8) Ich arbeitete mit großem Eifer.
9) Du hast keinen Grund zu klagen.

Lösungen Seite 81

Erinnerst du dich noch an das Diktat über den Igel?
Wenn du Lust hast, kannst du diesen ausmalen. Viel Spaß dabei.

II) Wie man mit der Lernkartei arbeitet

Das ist wichtig:

Du brauchst jemanden, der dir **diktiert**, was auf den Karteikarten steht.
(Du kannst daraus ein Spiel machen, wenn deine Geschwister oder Klassenkameraden mitmachen.)

Was auf einer Karteikarte steht, darf **pro Tag nur einmal** diktiert werden.

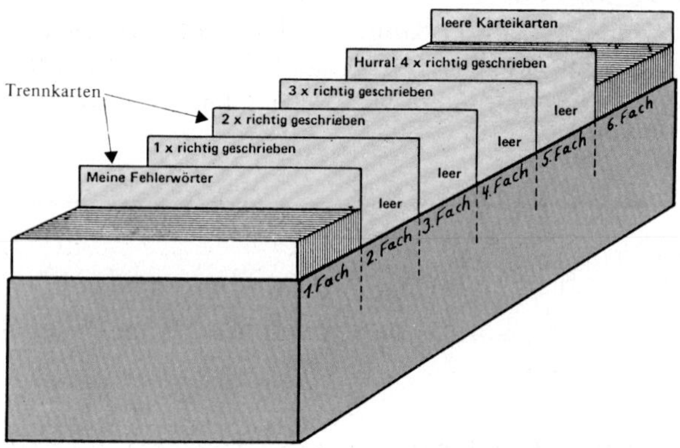

Und so wird's gemacht:

1 Zuerst stehen alle Karten im ersten Fach, also ganz vorne in der Lernkartei. Was auf den Karten steht, wird diktiert.

Hast du **richtig** geschrieben, ⟶ so wird die Karte ins **zweite** Fach gesteckt.

Hast du **falsch** geschrieben, ⟶ so wandert die Karte **zurück** ins **erste** Fach.

---

2 Und das ist deine Aufgabe am **nächsten** Tag:
Die Karten aus dem **ersten** und **zweiten** Fach werden diktiert.

Hast du **richtig** geschrieben, ⟶ so wird die Karte ins **nächste** Fach gesteckt.

Hast du **falsch** geschrieben, ⟶ so kommt sie ins **erste** Fach **zurück**.

---

3 Und so geht's weiter:
Die Karten aus allen Fächern werden diktiert.

Hast du **richtig** geschrieben, ⟶ so wird die Karte ins jeweils **nächste** Fach gesteckt.

Hast du **falsch** geschrieben, ⟶ so kommt die Karte **immer** ins **erste** Fach zurück.

---

4 Zuletzt wird eine Karte aus dem **fünften** Fach diktiert.

Hast du **richtig** geschrieben, ⟶ so wird sie aus der Lernkartei herausgenommen und abgelegt.

Hast du **falsch** geschrieben, ⟶ so kommt sie **zurück** ins **erste** Fach und ihre Wanderung beginnt von vorne.

Die abgelegten Karten können **nach einigen Wochen** zur **Kontrolle** noch einmal diktiert werden.

Du hast es verdient dich zu entspannen. Wenn du Zeit und Lust hast, kannst du dieses Bild ausmalen. Viel Spaß dabei!

D) Lösungen

1 Komm, lieber Schlaf (Seite 2-3)

Hast du richtig eingesetzt?

E	I	N	S	C	H	L	A	F	E	N
		S	T	E	H	T				
O	F	F	E	N						
			R	U	H	I	G			
	G	A	N	Z						

Das Lösungswort im farbigen Feld heißt: **STERN**.

---

2 Stefan und Anna (Seite 4-5)

Lösungssätze:

*Die beiden beko**mm**en Appetit auf einen le**ck**eren Apfel.*
*Stefan freut sich, dass Anna mit ihm über den Zaun kle**tt**ert.*
*Er passt auf, dass der Hund sie nicht en**t**de**ck**t.*

---

3 Die Heinzelmännchen (Seite 6-7)

Aufgabe zum Einsetzen auf Seite 7:
*Wir **holen** Vater vom Flughafen ab.*
*Gestern **kam** ich zu spät.*

Nächtliche Begegnung
In tiefer **Nacht**,
wenn keiner **wacht**,
wenn's **Kätzchen** schläft und selbst die **Maus**,
kommt Heinzelmännchen leis ins **Haus**.
Es setzt sich erst mal aufs **Klavier**
und blickt gar **traurig drein**,
so ganz allein.
Da merkt es, wie auf einem Blüten**zweig**
ein **Elflein** sitzt,
das grad mit seinem **runden Mund** vom **Blüten**saft stibitzt.

Keins spricht das andere an,
doch endlich fasst das **Heinzelmännchen** Mut
und sagt: „Etwas Unterhaltung tät' uns gut."
Da plaudern beide lange Zeit
und denken: „Ach, wie schön ist's doch zu **zweit**!"

---

4 Sommerferien (Seite 8-9)

Hier sind die Sätze mit den richtigen Reimwörtern:

Das Pferd steht auf dem ***Herd****.*
Der Hirsch trägt die Arznei mit dem ***Geweih****.*
Martina stopft Seife in die ***Pfeife****.*
Die Rakete spielt ***Trompete****.*

---

5 Tim wünscht sich einen Hund (Seite 10-11)

Hast du die Wörter **richtig** wie der kleine Fuchs **getrennt**?
meis-tens, Zu-cker, biss-chen, Wes-pe, Diens-tag, Ste-phan, su-chen

---

6 Igel sind keine Haustiere (Seite 12-13)

So haben sich die Tiere versteckt:
*Laub****wal****d - Eid****otter*** *- Straßeng****rabe****n*
Hast du sie gefunden?

---

7 Kennst du das Land? (Seite 14-15)

So sind die Zeitwörter **richtig** eingesetzt:
Der Briefträger ***beißt (biss)*** *den Hund.*
Der Hase ***schießt (schoss)*** *auf den Jäger.*
Die Blume ***gießt (goss)*** *den Gärtner.*

---

8 Gefunden (Seite 16-17)

So heißen die gesuchten **vier** Tiere:
Kreuzspinne – Brieftaube – Zaunkönig – Goldfisch
Hast du sie gefunden?

---

9 Das Leben auf dem Lande (Seite 18-19)

Aufgabe zum Einsetzen auf Seite19. So bildest du die Einzahl:
der Schuss - der Kuss - die Nuss

Und so muss man all die **natürlichen** Dinge schreiben, mit denen sich der kleine Fuchs umgibt:
Füller zum Nachfüllen – Bleistift – Teddybär aus Plüsch – Holzspielzeug – Leinenjacke – Trinkflasche zum Nachfüllen – Dose für Pausenbrot – Buntstifte – Baumwollhose – Lederschuhe

---

10 Die Zaubermännchen (Seite 20-21)

Aufgabe zum Einsetzen auf Seite 21:
*mit Vaters groß**em** Auto - in Opas alt**em** Mantel*

Und nun zu deinen **Lieblingsspeisen**! Hier findest du die Speisen, die nicht nur gut schmecken, sondern auch **gesund** sind:
1. Pellkartoffeln – Kartoffelsalat
2. Vollkornreis
3. Bohnen – Erbsen – Karotten – Blumenkohl
4. Äpfel – Kirschen
5. Fisch – Hähnchen
6. Knäckebrot
7. Müsli
Hoffentlich finden sich viele davon unter deinen Lieblingsspeisen!

---

11 Der Tag muss gefeiert werden (Seite 22-23)

So musste verändert werden:

H	U	N	D
H	**A**	N	D
H	A	N	**S**
H	A	**U**	S
M	A	U	S
M	A	**I**	S

---

12 Schont die Pelztiere! (Seite 24-25)

Hier sind die Tiere zum Fürchten:

		H	A	I			
K	R	**O**	K	O	D	I	L
P	A	**N**	T	H	E	R	
S	P	**I**	N	N	E		
T	I	**G**	E	R			

Das Lösungswort im farbigen Feld heißt **HONIG**.

---

13 Die Natur hat genug für alle (Seite 26-27)

Hast du die Bilder richtig geordnet? Dann bist du auch auf den Namen **PARADIESVOGEL** gekommen.

---

14 Mäuse leben gefährlich (Seite 28-29)

Ich würde gerne sehen, welche **Bildwörter** du gefunden hast!

Hier einige Lösungsbeispiele:

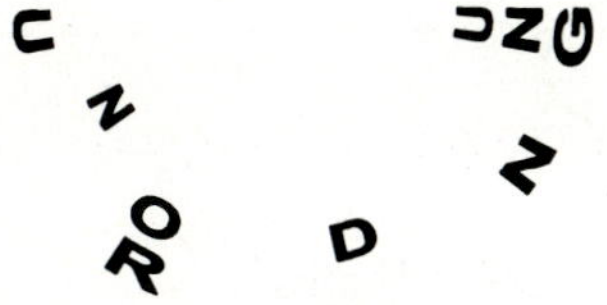

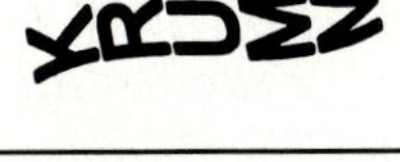

---

15 Es fing an mit einem Punkt (Seite 30-31)

Aufgabe zum Einsetzen auf Seite 31:
mit einem leichten Stoß – mit einem klaren Sieg – mit einem knappen Vorsprung

Dies sind die gesuchten **sechs** Wörter:
1) *niemand* 2) *unendlich* 3) *Alter*
4) *Weltall* 5) *ausdehnen* 6) *glühte*

---

16 Traumpferd Appaloosa (Seite 32-33)

Silbenrätsel: *Büffeljäger – Persien – Ohrspitzen – Amerika – Indianer*

Sicher kennst du nun den Ort, wo du das **GRUSELN** lernen kannst!
Er heißt:

GEISTERBAHN

---

17 Katzen haben neun Leben (Seite 34-35)

Aber doch nicht so, lieber Fuchs!
Die richtigen Lösungen siehst du hier:

		Musikfest	→	*Festmusik*
Orangensaft	→ *Saftorange*	*Spielball*	→	*Ballspiel*
Versuchstier	→ *Tierversuch*	*Schiffsfracht*	→	*Frachtschiff*
Kuhmilch	→ *Milchkuh*	*Blumentopf*	→	*Topfblume*

18 Unsere Nachbarn im Weltall (Seite 36-37)

Dies ist des Rätsels Lösung:

	S					G		S	H	
S	**T**	**E**	**R**	**N**	**D**	**E**	**U**	**T**	**E**	**R**
	E	N	O	A	A	P	F	E	L	
	R	G	S	S	C	Ä	O	U	M	
	N	E	E	E	K	C		E		
		L			E	K		R		
					L					

Der Beruf heißt – es ist schon ein seltsamer Beruf – **STERNDEUTER**. Aber wenn du die Zeichnung ansiehst, wirst du den Namen verstehen.

19 Wie entstanden Eishöhlen? (Seite 38-39)

Auf unserer Zeichnung stimmte wirklich nicht alles:

2. Wo trifft man schon in unseren Wäldern einen ***Pinguin***?
3. Und ein Vogelhäuschen mit einem ***Uhrpendel***, na ja!
4. Eine ***Steckdose*** an einem Baum wäre freilich sehr praktisch!
5. Ein Vogelhäuschen mit Kamin, aus dem ***Rauch*** steigt?
6. Hast du schon mal einen Vogel mit ***Wintermütze*** gesehen?
7. Ein ***Wasserhahn*** am Baumstamm, wie praktisch!

20 Die schönste Schule der Welt (Seite 40-41)

Aufgabe zum Einsetzen auf Seite 41:

du zahlst – sie spürt – er kehrt – ich rühre – er spart – sie fährt – du holst

Hier sind die gesuchten **vier** Wörter:

1) *längst* 2) *Pfad* 3) *Fluss* 4) *fröhlich*

21 Was weißt du vom Eichhörnchen? (Seite 42-43)

Das war ein großes Kreuzworträtsel! Hast du es gelöst?

I									
G		M	A	U	S		B	U	S
E		I	N	N	E	N		M	A
L		N		T	E	E			A
	A	U	G	E		B	E	I	L
		T		R	H	E	I	N	
	B	E	E	R	E	N		E	S
	Ä		H	I			A	S	T
	R	I	E	C	H	E	N		A
		R		H		V	I	E	R
	B	E	U	T	E		S	T	

22 Wann flog der erste Ballon? (Seite 44-45)

Hier noch einmal die seltsamen Dinge:
*ein Lesebuch, das **liest** – ein Niespulver, das **niest** – eine Spielkarte, die **spielt** – eine Sprechanlage, die **spricht** – eine Speisekarte, die **speist** – eine Stoßstange, die **stößt***

23 Wildsau Luise (Seite 46-47)

So muss das Gedicht richtig lauten:

Allerlei Gereimtes

Böse **Hunde** knurren,
doch sanfte **Tauben gurren**.
Weil **Bären** kräftig brummen,
wollen **Bienen** lieber **summen**.
Katzen müssen fauchen,
sie können ja nicht **tauchen**.

Wenn nachts die **Frösche** quaken,
besuchen uns die Schnaken.
Und weil die **Störche** klappern,
müssen Kinder ständig **plappern**.

Natürlich hat der kleine Fuchs Recht, aber die letzte Zeile stimmt doch ein bisschen, oder?

---

24 Gibt es Vampire? (Seite 48-49)

Einsetzübung auf Seite 49:
schließen – schießen – reißen

Hier die Lösungen zu den lustigen Reimen:
*Seht ihr die Mücke mit der **Krücke**?*
*Die Kuh verlor den **Schuh**.*
*Der Hase in der **Vase** kratzt sich an der **Nase**.*
*Au! Der Ziegenbock schlägt mit dem **Stock**.*
*Die Gämse tritt auf die **Bremse**.* (Achte auf das e bei Bremse!)

---

25 Die lange Nacht, in der die Dinosaurier starben (S.50-51)

Vielleicht hast du die Bilder gelöst: Bei **Bild 1** ist der ***Dachstuhl*** gemeint, bei **Bild 2** der ***Muskelkater***.

---

26 Was ist eine Sternschnuppe? (Seite 52-53)

Hier die **richtigen** Zusammensetzungen:
Zitrone – Banane
Saxofon – Trompete
Kamel – Zebra
Erdboden – Wolkenkratzer
Kirsche – Dattel
Klarinette – Mandoline
Krokodil – Elefant

Hast du´s geschafft?

I) **Wie man Fehlerwörter auf Karteikarten verbessert** (Seite 62-69)

von Seite 63:
Am sinnvollsten ist: *der riesige Stein*
Warum? Weil deutlich wird, dass *der* sich auf *Stein* bezieht (und nicht auf *riesige*); das **Eigenschaftswort** (Adjektiv) *riesige* ist eine **Beifügung** (Attribut) zu *Stein* und darf **nicht** großgeschrieben werden. Das würde natürlich auch klar, wenn du den ganzen Satz aufschreiben würdest, was aber wegen der Schreibarbeit nicht sinnvoll ist.

---

1. Die Verbesserung des **Namenworts** (Seite 63)

die Blüte – die Gelegenheit

---

2. Die Verbesserung des **Zeitworts** (Seite 64-65)

Benedikt erschrak – ich stürzte
beim Schwimmen – zum Spielen - das Lernen

---

3. Die Verbesserung des **Eigenschaftsworts** (Seite 65-66)

eine spöttische Bemerkung – ich bin froh
wenig Erfreuliches – der Stärkere

---

4. Die Verbesserung bei **ähnlich klingenden Wörtern**, bei **Endungsfehlern** und bei **Getrennt-** und **Zusammenschreibung** (Seite 66-67)

über dem Land – auf technischem Gebiet
Mein Freund wird dichthalten. – Du musst deine Wünsche vorher sagen.

---

5. Die Verbesserung der übrigen Wortarten (Seite 68)

jenseits – wahrscheinlich

---

6. **Zusammenfassende Übersicht** (Seite 69)

1) *nichts Besonderes*
2) *Ilse heizte*
3) *der Griff*
4) *hoffentlich*
5) *Er wartet, dass du ihm schreibst.*
6) *zum Waschen*
7) *einen hübschen Ring*
8) *mit großem Eifer*
9) *Du hast keinen Grund zu klagen.*

Hat dir dieses Übungsprogramm weitergeholfen?
Bitte schreibe uns!

E) Übungswortschatz
Häufige Fehlerwörter

Hinweis: Die Wörter können so diktiert werden, wie sie im Verzeichnis aufgeführt sind. Um Missverständnisse auszuschließen, kann man sie vorher in einen sinnvollen Zusammenhang stellen und dann erst diktieren, z.B.

ahnen ⟶ *sie ahnt etwas*
bereits ⟶ *wir haben bereits telefoniert*

(Vergleiche Kapitel C: Die Arbeit mit der Lernkartei, Abschnitt I: Wie man Fehlerwörter verbessert, Seite 62 - 69.)

In der Spalte rechts neben den Wörtern können Sie vermerken, ob beim Diktat Fehler gemacht wurden (z.B. mit einem senkrechten Strich) oder nicht (z.B. mit einem Häkchen). In den Lücken können Sie Fehlerwörter, die Sie vermissen, selbst nachtragen.

Beachten Sie: Wörter, die ihr Kind in der **3. Klasse** können sollte, sind **schwarz** gedruckt; **Farbdruck** dagegen bedeutet: Wörter für die **4. Klasse**.
Hat sich die Schreibweise der Wörter nach der **neuen** Rechtschreibung geändert, so wird dies durch **Fettdruck** angezeigt.
Zusätzlich wird der **Schwierigkeitsgrad** der Wörter angegeben.
Beispiel: baden → leicht
billig • → schwierig
außen •• → sehr schwierig

Sind nach der **neuen Rechtschreibung** zwei Schreibweisen möglich, so wird dies durch *auch* angezeigt, z.B. chic, auch: schick.

A

abends •
getr.: **a-bends**
eines Abends •
abwärts ••
Acht geben/haben ••
ähnlich ••
das Allerbeste ••
alles •
alles andere •
allmählich ••
ändern •
die Angst •
ich habe Angst ••
mir wird angst ••
anstatt •

anstrengend •
ärgern ••
arm
ärmer •
atmen •
Arzt •
auf einmal •
aufräumen •
aufwärts ••
außen ••
außerdem ••
Auto fahren •
Apotheke

B

Babys •
backen •
sie bäckt / backt•
baden
bald •
Ballon •
beginnen
er beginnt •
behalten
du behältst ••
er behält •
beide
die beiden •
beide Mal ••
beinahe •
beißen •
Beispiel •
bellen
er bellt •
bequem ••
bereits ••
berühmt •
bevor ••
billig •
der **Biss** •
ein **bisschen** ••
Blick ••
er blickt ••
getr.: **bli-cken**
der Blitz •
bloß •
blühen •
es blüht ••
die Blüte ••
Blut
bluten
blutig •
bohren •
das Boot •
brauchen
du brauchst
brav •
bremsen •
Brennnessel ••
auch: **Brenn-Nessel**
bringen
er brachte
Brille •
Brücke •
getr.: **Brü-cke**•
brummen •
es brummt •
bücken •
getr.: **bü-cken**
Butter

C

Christ •
chic •• auch: **schick**

D

darauf
daraus
darin
dasselbe ••
dauern
dazu
Decke ••
getr.: **De-cke**
dennoch ••
deutlich •
deutsch /Deutsch•
dicht
dick •
Dieb•
Doktor •
doppelt •
Draht •
drängen •

draußen ••
drehen
sie dreht •
der/jeder Dritte ••
drohen
sie droht ••
drücken •
dumm •
dümmer •
das Dutzend ••

E

echt •
Ecke • getr.: **E-cke**
die Ehe
eifrig •
eigentlich ••
einige
einpacken •
einschänken ••
Eis laufen •
elektrisch ••
Eltern
endlich ••
zu Ende •
entdecken ••
entgegen •
sich entschließen ••
erinnern •
Erlaubnis ••
das erste Mal ••
der Erste/ als Erster •
erwidern ••
erzählen •
er erzählt ••
etwas
extra •

F

Fabrik •
Fahne •
Fahrrad ••
Fahrräder ••
fallen •
sie fällt ••
er fiel ••
das **Fass** •
fast ••
Fehler •
feiern
der Feind •
Fenster
getr.: **Fens-ter**
Ferien •
fertig ••
fett •
Feuer
finden
ich fand
Flamme •
fleißig •
der Fleiß ••
flicken •
getr.: **fli-cken**
fliegen •
du fliegst •
er flog •
der Flug •
Flugzeug
fließen •
Fluss •
flüssig •
flüstern •
getr.: **flüs-tern**
Föhn (Wind+Trockner)
föhnen •

Photographie → **Fotografie** ••
fragen
du fragst
er fragt
er fragte •
fressen •
das Tier **frisst** ••
friedlich •
Frieden •
frieren •
du frierst •
er fror ••
frisch
fröhlich •
Frühling •
Fuchs •
fühlen •
führen •
füllen •
du füllst •
für •
Fuß •
Füße •
Fußball •
Futter •

G

ganz •
Gast
Gäste •
Gebäude •
geboren
Geburt
Geburtstag ••
Gedächtnis ••
Geduld ••
Gefahr •
gefährlich •
geheim
Geheimnis •
Gelegenheit •
Gemüse
Geräusch ••
Geschäft •
gescheit
geschehen
es geschieht ••
Geschwindigkeit ••
Gespenst ••
gestern •
getr. **ges-tern**
gesund
Gewalt •
er gewinnt ••
der Gewinn ••
gewiss ••
gießen •
giftig •
Gipfel
glatt •
Glocke
glühen •
Glut ••
Gott
graben
er gräbt •
greifen
sie griff zu ••
Gruppe •
Gruß •
grüßen •
gucken •
Gummi •

H

Haken •
halb acht/voll •
Hälfte ••
halten
du hältst •
er hält •
sie hielt •
hängen •
häufig ••
Hass •
hässlich ••
Hauptsache •
heftig ••
heiß •
heißen •
du heißt •
sie hieß ••
heizen •
Heizung •
helfen
sie hilft •
Hilfe •
hell •
komm her
heraus
Herbst
Hexe
hin
hinein
Hitze •
die **Hobbys** •
ein hohler Kürbis ••
Höhle ••
holen •
hübsch •
hungrig •
Hunger •
husten, getr. **hus-ten**

I

Inhalt •
interessant ••
inzwischen•
irgendetwas •
irgendwer •
irgendwo •
Irrtum ••
sie **isst** Brot ••

J

Jagd ••
3-jährig ••
jährlich
Januar
jemand
jetzt •
Joghurt
auch: **Jogurt** •
Juli
Juni

K

Kaffee •
ich kam •
Kapitän •
kaputt ••
Kartoffel
Katarrh ••
auch: **Katarr**
kennen lernen ••
Ketschup, ••
auch: **Ketchup**
Kilogramm •
die Klasse
knallen •

es knallt
knicken •
getr.: **kni-cken**
kommen
sie kommt •
kosten, getr.: **kos-ten**
kräftig •
kratzen •
es kratzt •
Kreuz
kriechen •
küssen
sie **küsst** •
Kuss •
Küste, getr.: **Küs-te**

lieb •
lieb haben ••
ein Lied singen •
liegen •
er liegt •
sie lag •
Lineal ••
links •
der/das Liter ••
Löffel •
Lücke, getr. **Lü-cke**•
lustig, getr.: **lus-tig** •

L

langsam
der Lärm •
lassen •
er **lässt** ••
liegen lassen •
laufen
sie läuft •
Ski/Eis laufen •
läuten •
leer ••
leer trinken ••
Lehrer/Lehrerin
leicht fallen •
Leid tun ••
leihen •
er leiht es mir ••
leisten, getr.: **leis-ten**
lesen
du liest ••
er las •
der, das **Letzte** ••
Leute •
Lexikon •

M

mähen
er mäht die Wiese •
Getreide mahlen •
ein Bild malen ••
man hilft ihm •
manchmal
der Mann
Mantel
die Mäntel •
marschieren ••
März •
Maschine ••
Mathematik ••
das Meer •
mehr Geld •
die meisten •
meistens •
die Menge ••
messen •
sie **misst** ••
Metzger •
Milch
Minute

Mitleid ••
Mittag •
die Mitte
mögen
morgens ••
müde •
Musik •
müssen •
ich **muss** ••
mutig

N

der Nachbar •
der **Nächste** ••
als **Nächstes** ••
nackt •
nähen •
er näht •
Nahrung •
Name •
nämlich ••
nass •
nehmen •
er nimmt •
sie nahm •
nett
neugierig •
nichts •
nicken •
getr.: **ni-cken**
nie
niedrig ••
niemals •
niemand ••
nirgends ••
Nummer •
nummerieren ••
Nuss •
nützlich •

O

ob
Obst
offen •
oft •
ohne •
Omnibus •
Osten, getr: **Os-ten**
Ostern, getr: **Os-tern**

P

ein paar Leute ••
ein Paar Schuhe ••
packen
getr.: **pa-cken**
sie packt •
Päckchen •
Paket •
die **Partys** •
der **Pass** •
pflücken •
Pfote •
Pfütze •
Fotografie ••
auch: Photographie •
plötzlich ••
Polizist ••
Praxis •
Prüfung
Pullover ••
Punkt •

Q

quälen ••
Quark •

Quelle •
quer •

R

Rad fahren/schlagen •
Rakete •
rau ••
Recht haben/behalten•
sie ist reich
wir reisen heute
reißen •
es reißt •
der **Riss** •
reiten
sie ist geritten •
rennen
sie rennt •
er rannte ••
retten •
bei **Rot** anhalten ••
rücken, getr: **rü-cken** •
rückwärts ••
ruhig ••
rühren •
rührend ••
er rutscht •

S

Salat
sammeln •
Samstagabend ••
sämtlich ••
sauber machen •
schaffen •
Schale ••
schälen ••
er schält Obst ••
sich schämen •
er schämt sich •
scheußlich ••
Schi/Ski laufen ••
schick, auch: chic ••
schicken •
getr: **schi-cken**
schießen •
Schifffahrt •
auch: **Schiff-Fahrt**
schimpfen •
er hat geschimpft •
schlafen
sie schläft •
ich schlief •
schließen ••
schlimm •
Schlitten •
Schloss •
Schluss •
schmecken •
getr.: **schme-cken**
es schmeckt •
Schmerz ••
schnäuzen ••
schrecklich ••
schreiben
sie schreibt
ich schrieb •
Schritttempo •
auch: **Schritt-Tempo**
schuld sein ••
Schuld haben ••
schwer nehmen/ fallen ••
Schwester
getr.: **Schwes-ter**
schwierig •
er schwimmt •
seid nett ••
seit gestern ••
selber •
selbst •
sitzen •

ich saß ••
er sitzt •
setzt euch •
sodass, auch: so dass••
Spaghetti ••
auch: **Spagetti**
der Spaß ••
spät •
spazieren gehen/
fahren ••
spülen •
Stängel •
stark
Staub saugen •
auch: staubsaugen
stehlen •
er stiehlt ••
sterben
er stirbt •
gestorben
stets ••
die **Storys** •
Streit •
sie stritten ••
Stress •
er stürzt ••

T

Tablette ••
sie tanzt •
sie tanzte ••
Tasse •
Taxi •
Tee •
Telefon
Teller •
Teppich ••
Text
Theater ••
der **Tipp** •
Tomate
tot
Traum
Träume •
treffen •
er trifft ••
Treppe •
treten •
sie tritt ••
trotzdem •
tschüs! ••
auch: **tschüss!**
tun
man tut es

U

überall •
überqueren •
Ufer, getr.: **U-fer**
umkehren •
ungefähr ••
ungewiss ••
Unterricht ••
unterscheiden
der Unterschied ••
Urlaub

V

Vase
verbieten •
vergessen •
sie **vergisst** mich ••
verkaufen

ich bin verletzt •
vernünftig ••
versäumen •
verstehen •
sie versteht •
ich verstand •
die Verwandten ••
verwandt ••
verzeihen •
er verzeiht ••
das Vieh ••
viel Geld ••
vielleicht ••
Volk •
voll ••
völlig ••
voraus •
vorsichtig •
vorwärts ••

W

die Waage •
wachsen •
es wächst ••
wahr ••
es ist wahr ••
während ••
wahrscheinlich ••
die Ware •
die Wärme •
wässrig •
wechseln •
wecken •
getr.: **we-cken**
sie weckt uns ••

Weihnachten •
eine Weile •
werfen
er wirft
sie warf
Wetter
Wettturnen •
auch: **Wett-Turnen**
wie viel •
wie viele •
wissen •
du weißt •
er **wusste** ••
die Wolke
Wurst
Wut

Z

zäh •
Zahl •
zerreißen ••
Zettel •
Zeugnis •
das Ziel ••
ziemlich ••
Zigarette ••
zuerst
zu Hause •
zuletzt •
zurück •
zusammen •
zwischen •

Stichwortverzeichnis

Quellenvermerk: Seite 6, Die Heinzelmännchen, © Tellus-Lesebogen-Vertrieb, Essen 1.